AF305438

TABARIN

OU

LES PARADES DU PONT-NEUF

DRAME

Reprézenté pour la première fois, à Paris, sur le théâtre
de l'Ambigu-Comique, le 31 mai 1873.

CHATILLON-SUR-SEINE. — IMPRIMERIE E. CORNILLAC

TABARIN

OU

LES PARADES DU PONT-NEUF

DRAME EN CINQ ACTES ET UN PROLOGUE

PAR

EUGÈNE GRANGÉ ET XAVIER DE MONTÉPIN

DÉCORS DE M. ZARA, MUSIQUE DE M. FOSSEY

PARIS

MICHEL LÉVY FRÈRES, ÉDITEURS

RUE AUBER, 3, PLACE DE L'OPÉRA

LIBRAIRIE NOUVELLE

BOULEVARD DES ITALIENS, 15, AU COIN DE LA RUE DE GRAMMONT

1873

PERSONNAGES

TABARIN . . . . MM. H. VANNOY.
LE CHEVALIER DE MARSAN. . . . . . REYNALD.
LE CARDINAL DE RICHELIEU. . . . . FAILLE.
MONDOR . . . . VOLLET.
LE BARON DE MAUGARS. . . . . . . ABEL-BRUN.
LE COMTE DE SIVRY. . . . . A. LAMBERT.
BROCCOLI. . . . . MANGIN.
BASSOMPIERRE . . . . BIENER.
L'ABBÉ DE GONDI. . . . . FLEURY-GŒURY.
PIERRE CORNEILLE . . . . HODIN.
SAINT-EVREMOND. . . . . HENRI-ROZE.
CAMUSOT. . . . . CHAUDESAIGUES.
BAUDRILLE. . . . . }
LE SAVOYARD. . . . . } LISERT.
LE DUC DE BELLEGARDE. . . . . . . AVISSE.
LE PÈRE ANDRÉ. . . . . MICHELET.
UN HUISSIER. . . . . DRUELLE.
UN MARCHAND DE GATEAUX . . . , ARSÈNE.
UN BARBIER. . . . . PERRONNEAU.

MARION DELORME. . . . . Mmes RIBEAUCOURT.
HÉLÈNE. . . . . JEANNE-MARIE.
Mme LORIOL. . . . . VALENTINE AUBLANC.
NICOLE. . . . . MARION.
UNE BOUQUETIÈRE . . . . MARIETTE.

PEUPLE, BOURGEOIS, SEIGNEURS, GARDES, BATELEURS, ETC., ETC.

Pour la mise en scène détaillée, s'adresser à M. SÉVIN, régisseur général du
théâtre de l'Ambigu, et, pour la musique, à M. FOSSEY, chef d'orchestre.

TABARIN

OU

LES PARADES DU PONT-NEUF

PROLOGUE

L'AUBERGE DE LA POSTE

Dans un village à quelques lieues de Châlons-sur-Marne. — Une salle basse de l'auberge de la poste, tenue par madame Loriol. — Au fond, grande porte e fenêtres donnant sur la cour. — Portes latérales, tables, bancs, escabeaux, etc etc.

SCÈNE PREMIÈRE

MADAME LORIOL, NICOLE, VOYAGEURS

assis aux différentes tables, buvant et mangeant.

LES VOYAGEURS, frappant sur les tables.

Holà! Garçon!.. La fille! — Du pain! — Du vin! — Du fromage! —

MADAME LORIOL, s'empressant.

Voilà!.. Voilà!.. On vous sert!.. Allons, Nicole, haut le pied!...

NICOLE, à un voyageur qui lui prend la taille.

Et à bas les pattes!..

Elles servent les voyageurs.

PREMIER VOYAGEUR, se levant.

Dites donc, madame Loriol, à quelle heure passe le coche de Châlons à Paris?

MADAME LORIOL.

A quatre heures.

PREMIER VOYAGEUR, tirant sa montre.

Il en est plus de six... La patache est en retard de plus de deux heures.

1

MADAME LORIOL.

Ah ! dame ! c'est pas étonnant... les chemins sont si mauvais... il a tant plu ces jours derniers... Et puis, à une petite lieue d'ici, nous avons la montée... un vrai raidillon... Pour peu qu'un cheval s'abatte, ou qu'un trait se casse...

PREMIER VOYAGEUR, allant se rasseoir.

Merci ! C'est agréable !.. Quand on est pressé...

On entend au dehors une grande rumeur.

MADAME LORIOL.

Tiens ! Qu'est-ce qui nous arrive là ?

NICOLE, regardant au fond.

Eh ! la bourgeoise ! la bourgeoise !

MADAME LORIOL.

Quoi ?

NICOLE.

Une voiture, avec un beau monsieur tout doré...

MADAME LORIOL.

Tout doré !..

NICOLE.

Et qu'a des plumes à son chapeau... comme un coq...

MADAME LORIOL.

Des plumes ?... C'est quelque grand personnage... (Elle court au fond pour regarder.) Eh ! non, bestiole ! C'est un charlatan !

LES VOYAGEURS, se levant.

Un charlatan !

On voit paraître dans la cour Mondor, le marchand d'orviétan. Il est dans un vieux cabriolet attelé d'un mauvais cheval qu'il conduit lui-même. Une foule de paysans et de paysannes entourent la voiture qui s'arrête devant la porte.

SCÈNE II

LES MÊMES, MONDOR.

MONDOR, debout dans la voiture, après avoir salué l'assistance.

Villageois et villageoises, honnêtes habitants de ce lieu agreste, livrez-vous à la joie, Mondor est dans vos murs ! Oui, Mondor, le célèbre, l'incomparable Mondor, surnommé le bienfaiteur du genre humain ! (Mouvement de surprise et d'admiration dans la foule.) Mais, direz-vous : « A quoi devons-nous un si grand bonheur ? Que vient faire parmi nous cet illustre savant qui ne fréquente d'ordinaire que chez les têtes couronnées ? » — Ce que je viens faire, villageois ? Je viens vous apporter mes bienfaits ! (Nouvelle sensation parmi la foule.) Je suis l'inventeur d'un baume merveilleux, guérissant tous les maux généralement quelconques, la goutte, la colique, la rougeole, le mal de dents, les brûlures, coupures, engelures et durillons. Vous

cassez-vous un bras : il suffit de verser sur le coude quelques
gouttes de mon baume, et le temps d'éternuer, at chum !..
votre bras est guéri !... Chaque fiole de ce précieux spéci-
fique, composé des simples les plus rares et qu'on ne récolte
que sur les montagnes inaccessibles du Cap Vert, chaque fiole
me revient à deux pistoles. — Les rois, les archiducs, les
grands seigneurs de toutes les cours de l'Europe, me l'achè-
tent au poids de l'or. — Mais à vous, hommes des champs,
je ne la vendrai pas, je la donne... Oui, je la donne pour la
bagatelle de deux sous ! — Demandez, faites-vous servir,
achetez le baume du célèbre Mondor !... *(Les paysans refroidis s'é-
loignent successivement ainsi que les voyageurs.)* Deux sous !... qui en
désire?.. Ne répondez pas tous en même temps !... Une fois,
deux fois, personne n'en veut plus?.. *(Voyant que tout le monde
est parti, et descendant de voiture.)* Les bélîtres ! Sacrifiez-vous donc
pour de pareilles brutes !...

NICOLE, *ahurie.*

Bourgeoise, le v'là qui v'nont !...

MONDOR, *entrant et se donnant des airs d'importance.*

Holà ! bonne femme !..

MADAME LORIOL, *avec empressement.*

Qu'est-ce qu'il faut vous servir, monsieur le savant ?

MONDOR.

De l'avoine pour Bucéphale...

MADAME LORIOL.

Bucéphale?

MONDOR.

C'est mon cheval. — Et à souper pour moi.

MADAME LORIOL.

Vivement, Nicole ! de la soupe, du rôti, et une bouteille
de vin pour monsieur le savant...

NICOLE, *s'empressant.*

Voilà, bourgeoise, voilà !

Elle met le couvert.

MADAME LORIOL.

Quant à votre cheval, mon garçon va le conduire à l'écurie.
(Appelant.) Jean !... Jean ! *(Avec impatience.)* Voyez un peu s'il viendra !... Je vous demande à quoi il s'occupe, au lieu d'être là
pour m'aider à recevoir les voyageurs !.. *(Criant avec colère.)*
Jean !... Eh ! Jean !... Ah çà ! répondras-tu à la fin ?

<h1 align="center">SCÈNE III</h1>
LES MÊMES, JEAN.

JEAN, *arrivant de la droite, sans se presser, et mangeant.*

N'vous égosillez pas, la bourgeoise !... Me v'là.

MADAME LORIOL.

C'est heureux!... Depuis un quart d'heure que j'appelle...
Est-ce que tu n'entendais pas?

JEAN.

Si fait, bourgeoise... mais j'pouvais pas répondre, vu que
j'avais la bouche pleine.

MADAME LORIOL.

Animal!... — Voyons, quand tu resteras là, à me regarder
comme une bête...

JEAN.

Oh! la bourgeoise!... Je n'vous regarde pas comme ça...
ben au contraire... Je sais trop l'respect que je vous dois.

MONDOR.

Ah! ah! ah! il est drôle!

MADAME LORIOL, à Jean.

Dépêche-toi de conduire sous la remise la carriole de monsieur...

JEAN, sans bouger.

Bien, la bourgeoise.

MADAME LORIOL.

Et de donner un picotin à son cheval.

JEAN, de même.

Un picotin, bien, la bourgeoise.

MADAME LORIOL.

Allons, tourne-moi les talons, et plus vite que ça!

JEAN.

J'y cours, bourgeoise, j'y cours!.. (Allant au fond et prenant le
cheval par la bride.) Allons, hô! hue!.. bourriquet!..

Il emmène la voiture.

MONDOR, suivant des yeux Jean qui s'éloigne, et à lui-même.

Bonne figure!. Le masque comique!..

MADAME LORIOL, à Mondor.

Votre couvert est mis, monsieur le voyageur...

NICOLE, apportant une soupière.

Et la soupe est sur la table!

MONDOR, allant s'asseoir à une table à gauche.

Ma foi, je n'en suis pas fâché... le grand air m'a ouvert
l'appétit.

MADAME LORIOL.

J'espère que vous serez content de ma cuisine.

NICOLE.

Goûtez-moi un peu voir ce bouillon-là!

MONDOR, se servant.

Il a des yeux superbes... comme les tiens, friponne!...

Il se met à manger.

JEAN, *rentrant.*

Là!... v'là qu'est fait, bourgeoise!.. J'ai mis l'bourriquet à l'écurie. — Pauv'bête! il montrait des dents si longues, que j'li ai baillé double ration... Ah! le gaillard!.. J'vous réponds qu'il n'reste pas les bras croisés d'vant la mangeoire... il vous avale le foin, que ça vous donnerait envie d'en manger.

MONDOR, *riant.*

Ah! ah!

JEAN.

Sauf vot'respect, m'sieur l'voyageur, vot'cheval et vous, vous êtes deux fameuses mâchoires...

MONDOR, *riant.*

Ah! ah!.. il est amusant!.. (A *madame Loriol.*) Qu'est-ce que c'est donc que ce garçon-là? Est-ce qu'il est du pays?

MADAME LORIOL.

Du tout! c'est un garçon que mon père a recueilli, par charité, à l'âge de sept ou huit ans...

MONDOR.

Ah bah!

MADAME LORIOL.

Il appartenait à une troupe de bateleurs italiens...

MONDOR.

Un enfant de la balle!..

JEAN.

Oui, c'est moi qui faisais le saut de carpe, et qui battais du tambour, en criant : (*imitant le ton des bateleurs.*) Voilà, voilà, voilà!.. Brillants exercices du signor Broccoli! Entrez! suivez le monde! On va commencer!.. Prenez, prenez, prrrenez vos billets!

MONDOR.

Bravo!.. — Et par quel hasard est-il devenu?..

MADAME LORIOL.

Un jour que la troupe s'était arrêtée dans ce village pour y donner une représentation... Au moment du départ, impossible de mettre la main sur le petit Jean... il avait disparu...

JEAN.

Comme une muscade. (A *part.*) Moi, pas bête!

MADAME LORIOL.

Après l'avoir en vain cherché de tous les côtés, les bateleurs se remirent en route...

JEAN.

Et allez donc! bon voyage!

MADAME LORIOL.

Mais jugez de sa surprise, lorsque le lendemain, mon père,

en entrant à la cave, y trouva le petit drôle blotti dans un
coin.

JEAN.

Derrière les fagots... avec les vieilles bouteilles.

MONDOR, mangeant toujours.

Ah bah !.. Et pourquoi donc t'étais-tu caché là ?

JEAN.

Tiens ? J'étais las d'être battu donc !

MONDOR.

On te battait ?

JEAN.

Comme chair à pâté.

MONDOR.

Et qui ça ?

JEAN.

Mon maître, le signor Broccoli ! Ah ! le brigand ! m'en a-
t-il baillé des taloches !...

MADAME LORIOL.

Ma foi, mon père avait besoin d'un garçon... il le garda ;
Jean a grandi à notre service...

JEAN.

Et voilà !

MONDOR.

Et vous n'avez plus entendu parler de ces bateleurs ?

MADAME LORIOL.

Jamais !

JEAN.

C'est égal, je ne serai content que si je rencontre, un jour,
mon ancien patron !

MONDOR.

Pourquoi ?

JEAN.

Eh ! donc, pour lui restituer les coups que j'ai reçus.

MONDOR.

Ah ! ah ! tu as de la rancune !

JEAN.

De la rancune !.. nenni !.. C'est par honnêteté.

MONDOR.

Comment ça ?

JEAN.

Pardi ! faut jamais rien avoir à personne.

MONDOR, riant.

Ah ! ah !.. pas mal !.. tu es un garçon d'esprit, toi !

MADAME LORIOL.

Lui ?.. Allons donc !.. un vrai nigaud !..

JEAN, *d'un ton de reproche.*

Ah ! bourgeoise ! ça vous plaît à dire !..

MADAME LORIOL.

Il ne dit pas deux mots sans lâcher quatre bêtises.

MONDOR.

Justement ! c'est le garçon qu'il me faudrait.

MADAME LORIOL.

A vous?

JEAN.

Ah bah?..

MONDOR.

Oui; mon pître s'est laissé mourir d'indigestion, et je lui cherche un remplaçant. Si tu veux m'accompagner dans les fêtes de village, tu seras bien habillé, bien nourri, tu recevras deux pistoles par mois, et tu n'auras pas autre chose à faire que de débiter des coq-à-l'âne.

MADAME LORIOL, *vivement.*

Des coq-à-l'âne ! Voilà ton affaire !

JEAN.

Eh ! quoi, bourgeoise, vous consentiriez à vous séparer de moi ?

MADAME LORIOL.

Dame, mon garçon, je ne te renvoie pas... mais s'il y allait de ta fortune... de ton avenir...

MONDOR.

Pitre du célèbre Mondor, c'est une position magnifique !

JEAN, *se grattant la tête.*

Oui... oui... je ne dis pas... la condition me sourirait assez... Bien nourri, bien habillé...

MONDOR.

Deux pistoles par mois...

JEAN.

Et rien à faire ! C'est affriolant tout de même...

MADAME LORIOL.

Réfléchis !

MONDOR.

Prends ton temps !.. Je ne me mets en route que dans deux heures.

MADAME LORIOL.

Comment ! Vous partez ce soir ?..

MONDOR, *se levant.*

Oui, c'est demain la foire à la Ferté-sous-Jouarre, il faut que j'y sois... les populations réclament ma présence... De là je dois me rendre à Meaux, puis à Paris, où je compte me fixer.

JEAN, *vivement.*

A Paris !.. Vous allez à Paris ?

MONDOR.

Ah ! ah ! Cela te tente ? — Décide-toi, mon garçon... moi, je vais faire un somme.

MADAME LORIOL.

Venez, je vais vous donner une chambre. — (*A Jean et à Nicole.*) Et vous, dépêchez-vous de mettre ici tout en ordre !..

NICOLE.

Oui, bourgeoise.

MONDOR, *à Jean, avant de sortir.*

Allons, décide-toi !.. Au revoir !..

Il sort par la gauche avec madame Loriol.

SCÈNE IV

JEAN, NICOLE, puis UNE JEUNE FILLE.

JEAN.

Décide-toi !.. décide-toi !.. C'est facile à dire...

NICOLE, *rangeant.*

Ah ! jarni !.. à ta place, c'est moi qu'hésiterions pas... ben vêtu, ben nourri... et deux pistoles.

Depuis un instant une jeune fille, vêtue comme une petite bourgeoise de province, a paru dans la cour. Elle tient à la main un petit paquet et regarde autour d'elle avec inquiétude ; enfin elle se décide à entrer.

LA JEUNE FILLE.

Pardon !.. c'est ici l'auberge de la poste ?

NICOLE, *se retournant.*

Tiens ! une jeunesse !

JEAN, *à part.*

Un vrai bouton de rose ! (*Haut*) L'auberge de la poste, oui, mam'zelle.

LA JEUNE FILLE.

Alors c'est ici que s'arrête le coche qui va à Paris ?

JEAN.

Le coche de Paris, oui, mam'zelle.

LA JEUNE FILLE.

Il n'est pas encore passé ?

JEAN.

Pas encore.

LA JEUNE FILLE.

Tardera-t-il beaucoup ?

JEAN.

Ah ! dame, ça, on n' sait pas... on ne sait jamais.

LA JEUNE FILLE.

Il ne part donc pas à heure fixe ?

JEAN.

Si fait !.. À moins pourtant qu'il ne *soye* en retard... mais, à part ça, le service est très-régulier.

LA JEUNE FILLE.

Comment, régulier ?

JEAN.

Oui... il est régulièrement en retard.

LA JEUNE FILLE, riant.

Singulière exactitude !

NICOLE.

Comme ça, mam'zelle, vous allez donc à Paris ?

LA JEUNE FILLE.

Oui.

JEAN.

Toute seule ?

LA JEUNE FILLE.

Toute seule. — Croyez-vous que je trouverai de la place dans la voiture ?

JEAN.

Oh ! bien certainement...

NICOLE.

Y en a toujours.

JEAN.

À moins qu'elle ne *soye* pleine.

LA JEUNE FILLE.

Ah ! mon Dieu !.. dans ce cas, que deviendrai-je !..

JEAN.

Dame ! vous en seriez quitte pour passer la nuit ici.

NICOLE.

C'est clair !

LA JEUNE FILLE.

Passer la nuit ici ! Oh ! non !.. non ! c'est impossible !..

NICOLE.

Tiens ! Pourquoi donc ?

JEAN.

Les lits n' sont pas mauvais, allez !

LA JEUNE FILLE.

Il faut que je parte ce soir... ce soir même... il le faut...

JEAN.

Voyons, mam'zelle... ne vous émouvez pas comme ça !..

NICOLE.

Faut espérer qu' vous trouverez une place dans le coche...

1.

JEAN.

Pardi !.. de toute manière... en se serrant un brin...

LA JEUNE FILLE.

Oh ! oui, n'est-ce pas ?.. Coucher dans cette auberge à trois
lieues de Châlons... ce serait une imprudence... Je risquerais
d'être découverte...

NICOLE.

Découverte !..

JEAN.

Par qui donc ?

LA JEUNE FILLE.

Par ceux qui me poursuivent.

JEAN.

On vous poursuit ?

LA JEUNE FILLE.

Je le crains.

JEAN.

Ah ! jarnipopette !

LA JEUNE FILLE.

Peut-être même a-t-on déjà prévenu la maréchaussée.

JEAN, effrayé.

La maréchaussée !..

NICOLE, de même.

Miséricorde !..

LA JEUNE FILLE, souriant.

Oh ! rassurez-vous... je ne suis pas une voleuse.

NICOLE.

A la bonne heure !..

JEAN.

Je disais aussi, avec cette figure-là... Mais alors qu'est-ce
qui vous oblige à vous ensauver comme ça, mam'zelle ?

LA JEUNE FILLE.

Le désir d'échapper à un mariage odieux.

JEAN.

On veut vous marier d'force ?.. Ah ! jarnipopette !

LA JEUNE FILLE.

A un homme que je déteste... un clerc de procureur,
nommé Camusot, laid comme un singe, méchant, sournois,
hypocrite...

NICOLE.

Ah ! seigneur Dieu !.

JEAN.

Voilà un vilain *moigneau !*

LA JEUNE FILLE.

C'est pour échapper à cette union que je me suis enfuie de

chez mon père, huissier au bailliage de Châlons-sur-Marne...
J'ai couru à travers champs jusqu'à cette auberge, où je
compte prendre le coche pour me rendre à Paris.

JEAN.

Vous y connaissez donc quelqu'un ?

LA JEUNE FILLE.

J'y ai ma marraine, une grande dame, qui ne me refusera
pas sa protection, je l'espère.

JEAN.

Bon ! bon !.. je comprends !..

LA JEUNE FILLE.

Mais j'ai hâte d'être partie, car déjà ma fuite doit être
connue, et chaque minute qui s'écoule augmente le danger..

UNE VOIX, en dehors.

Par ici !.. par ici !..

LA JEUNE FILLE, poussant un cri.

Ciel !.. cette voix...

JEAN.

Eh bien ?..

LA JEUNE FILLE.

Je la reconnais !.. C'est lui !. c'est mon prétendu !...

NICOLE, allant regarder au fond.

Avec des sergents !

LA JEUNE FILLE.

Je suis perdue !

JEAN.

Eh ! non... ne craignez rien... (Allant ouvrir une porte à gauche.)
Entrez là.

LA JEUNE FILLE.

Là !..

JEAN.

Je tâcherai de les éloigner, de vous sauver...

LA JEUNE FILLE.

Oh ! merci !.. merci !..

JEAN.

C'est bien... c'est bien... vous me remercierez plus tard ...

NICOLE, regardant au fond.

Les v'là !

JEAN, à la jeune fille.

Vite !.. cachez-vous !.. (La jeune fille entre à gauche, premier plan —
Jean referme la porte. — Au même instant on voit paraître au fond, dans la cour,
Cammot, escorté de deux sergents de la maréchaussée.) Ouf ! Il était
temps !

SCÈNE V

JEAN, NICOLE, CAMUSOT, Deux Sergents de la Maréchaussée, puis MADAME LORIOL.

Camusot entre dans la salle et va regarder Nicole sous le nez.

NICOLE, à part.

Ah! qu'il est vilain!

JEAN, à part, regardant Camusot.

L'portrait était ressemblant!.. c'est un sapajou!

CAMUSOT.

Eh! garçon! la fille!... répondez!..

JEAN, à part.

Oui, compte là-dessus!

CAMUSOT.

N'auriez-vous pas vu?...

MADAME LORIOL, accourant par la gauche.

Ah! mon Dieu! des soldats chez moi!.. que voulez-vous, messieurs? Que demandez-vous?

CAMUSOT.

Nous sommes à la recherche d'une jeune fille qui s'est enfuie de chez ses parents, d'honnêtes bourgeois de Châlons, et nous avons reçu la mission de l'y ramener, de gré ou de force.

MADAME LORIOL.

Une jeune fille?.. je ne l'ai pas vue, elle n'est pas ici... D'ailleurs vous pouvez vous en assurer, en visitant la maison.

CAMUSOT.

C'est ce que nous allons faire, avec votre permission.

JEAN, à part.

Comment nous tirer de là?

NICOLE, à part.

La v'là prise!

CAMUSOT, aux sergents.

Allons, camarades...

Ils se dirigent vers la porte de gauche.

JEAN, vivement.

Attendez donc!.. (Camusot s'arrête.) Vous dites une jeunesse?

CAMUSOT, revenant.

Oui.

JEAN.

Des jolis yeux, les dents blanches, les cheveux châtains?...

CAMUSOT.

C'est cela.

JEAN.

Un beau brin de fille, quoi ! en casaquin bleu avec un p'tit paquet sous le bras ?

CAMUSOT.

C'est cela même. Tu l'as vue ?

JEAN.

Comme je vous vois.

CAMUSOT.

Où ?

JEAN.

Ici !.. Pas vrai, Nicole ?

NICOLE, ahurie.

Oui,.. oui... (A part.) Qu'est-c' qu'y dit donc ?

MADAME LORIOL, à Jean.

Imbécile ! Que ne parlais-tu plus tôt ?

CAMUSOT, avec joie.

C'est elle ! nous la tenons ! (A Jean.) Eh ! bien, cette jeune fille, qu'est-elle devenue ? Où est-elle ?

JEAN.

Où elle est ?

CAMUSOT.

Oui.

MADAME LORIOL, à Jean.

Réponds donc !.

JEAN.

Ah ! elle est loin, si elle court toujours !

MADAME LORIOL.

Comment ?

CAMUSOT.

Partie ?

JEAN.

Partie, envolée... Pas vrai, Nicole ?

NICOLE.

Oui... oui...

JEAN.

Après avoir bu un verre d'eau pour se donner des forces.

CAMUSOT.

Partie !. Quel guignon !.. mais par où a-t-elle pris ?

NICOLE.

Ah ! dame !. j'savons point...

JEAN.

Je l' sais, moi.

CAMUSOT.

Toi ?

JEAN.

Ah! c'est que je suis un tinaud, sans en avoir l'air. De voir c'te jeunesse si émouvée, ça m'a paru louche.... je l'ai suivie de l'œil... en catimini...

CAMUSOT.

Eh bien?

MADAME LORIOL.

Après?

CAMUSOT.

Parle donc!

JEAN.

Eh bien, à vingt pas d'ici, elle a quitté la grand'route, et elle a pris le petit sentier, là-bas, à gauche... dans les vignes.

CAMUSOT.

Le petit sentier dans les vignes! Tu en es bien sûr?

JEAN.

Sûr et certain... et si vous avez d' bonnes jambes, vous n' pouvez manquer de la rattraper...

CAMUSOT.

Oui.. oui... nous la rattraperons... L'amour me donnera des ailes... (A Jean.) Merci, mon garçon, merci!

JEAN.

Y a pas de quoi!

CAMUSOT, aux sergents.

Venez, camarades, suivez-moi!.

Il sort vivement par le fond, suivi par les sergents.

SCÈNE VI

JEAN, NICOLE, MADAME, LORIOL, puis LA JEUNE FILLE.

JEAN, à la porte, criant.

Le petit sentier, à main gauche... et toujours tout droit... (Partant tout à coup d'un éclat de rire.) Ah! ah! ah!..

MADAME LORIOL, étonnée.

Hein?. quoi donc? Qu'est-ce qui te prend?

JEAN.

Sauvée! Elle est sauvée!

MADAME LORIOL.

Comment, sauvée? Est-ce que par hasard?..

JEAN, baissant la voix.

Chut!.. une pauv' demoiselle qu'on veut marier de force à ce chinois que vous venez d' voir... et vous avez trop bon cœur, la bourgeoise, pour livrer c'te innocente...

MADAME LORIOL.

Oui... oui... certainement... mais...

JEAN, *allant ouvrir la porte de gauche.*

Venez, mam'zelle...

LA JEUNE FILLE, *reparaissant.*

Ils sont partis?

JEAN.

Oui, n' craignez rien... J' les ai envoyés dans les échalas pour faire peur aux oiseaux... ainsi, plus de danger!

LA JEUNE FILLE.

Que de reconnaissance!

On entend en dehors un bruit de voiture.

MADAME LORIOL.

Ah! voilà le coche!..

LA JEUNE FILLE.

Enfin!..

LES VOYAGEURS DE LA PREMIÈRE SCÈNE, *rentrant.*

Le coche!..

PREMIER VOYAGEUR.

Ce n'est pas malheureux!..

Ils sortent par le fond.

NICOLE, *qui a été regarder.*

Vous pouvez partir, mam'zelle, il y a de la place pour tout un chacun.

LA JEUNE FILLE, *tendant la main à Jean.*

Adieu, mon ami... vous m'avez rendu un grand service, et jene l'oublierai pas. Si jamais je puis vous être utile à mon tour, comptez sur moi, sur mon dévouement.

JEAN.

Bien, bien, mam'zelle...

LA JEUNE FILLE, *à Jean.*

Votre nom, mon ami?

JEAN.

Jean Tabarin.

LA JEUNE FILLE.

Tabarin!.. Je m'en souviendrai.

JEAN.

Et le vôtre, mam'zelle?

LA JEUNE FILLE.

Marion Delorme.   *Elle sort par le fond.*

LE CONDUCTEUR, *criant au fond.*

Les voyageurs pour Paris!.. En route!..

LA JEUNE FILLE, *en dehors.*

Me voilà... me voilà!..   *Elle disparaît.*

JEAN, à la porte du fond.

Bon voyage, mam'zelle, et bonne chance je vous souhaite!. (On entend le bruit de la voiture qui repart — Revenant.) Une fille si avenante épouser un pareil magot... Rétigué!.. c'eût été dommage!

MADAME LORIOL.

Allons, c'est bon !.. ne lantiponnons pas! à votre besogne, paresseux!

JEAN et NICOLE.

On y va, la bourgeoise! On y va!

Jean sort par la gauche avec Nicole, en fredonnant : Landéri, lanrelurelure !
Madame Loriol se met à ranger. On voit paraître au fond un gentilhomme
enveloppé d'un manteau et le visage couvert d'un masque.

SCÈNE VII
L'INCONNU, MADAME LORIOL.

L'INCONNU, entrant et s'approchant.

Dites-moi...

MADAME LORIOL, jetant un cri.

Ah!.

L'INCONNU.

Calmez-vous, et répondez à mes questions.

MADAME LORIOL, à part.

Juste ciel! Qu'est-ce que c'est que cet homme-là?

L'INCONNU.

Vous êtes la maîtresse de poste de ce village?

MADAME LORIOL, tremblante.

Oui... oui... mon gentilhomme... pour vous servir.

L'INCONNU.

Quelle est la distance d'ici à Châlons?

MADAME LORIOL.

Trois lieues et demie, monseigneur.

L'INCONNU.

C'est le dernier relai?

MADAME LORIOL.

Le dernier.

L'INCONNU.

Est-il possible de se procurer dans les environs d'autres chevaux que ceux de la poste?

MADAME LORIOL.

Ce serait bien difficile. Le village n'est composé que de quelques pauvres chaumières.

L'INCONNU, à part.

Mes renseignements étaient exacts. (Haut.) Combien avez-vous ici de chevaux en ce moment?

MADAME LORIOL.

Quatre.

L'INCONNU.

Et de postillons?

MADAME LORIOL.

Deux.

L'INCONNU.

Vous allez leur donner l'ordre d'emmener les chevaux.

MADAME LORIOL.

Pardon, monseigneur, mais...

L'INCONNU.

Quoi?

MADAME LORIOL.

S'il venait à passer quelque chaise de poste...

L'INCONNU.

Vous répondriez aux voyageurs que vous n'avez plus de chevaux.

MADAME LORIOL.

Permettez...

L'INCONNU.

Je prends les vôtres... et je les paie..

Il lui donne des pièces d'or.

MADAME LORIOL.

De l'or!.. c'est différent, mon gentilhomme... Où faudra-t-il que les postillons conduisent les chevaux?

L'INCONNU.

Où ils voudront... dans la campagne... dans le bois... Pourvu qu'ils ne soient pas de retour avant deux heures, c'est tout ce que je demande.

MADAME LORIOL, à part.

Singulière idée!.. (Haut.) Il suffit, mon gentilhomme, je vais prévenir les postillons.

L'INCONNU.

Un instant!. Quand arrivera la chaise de poste que j'attends...

MADAME LORIOL.

Comment! Monseigneur attend une chaise de poste?

L'INCONNU.

Oui.

MADAME LORIOL.

Mais alors...

L'INCONNU.

Taisez-vous, et écoutez-moi! Quand arrivera cette chaise, vous aurez soin de dire en secret au postillon de dételer à l'instant ses chevaux et de repartir au plus vite.

MADAME LORIOL.

Tiens ! et pourquoi donc ?

L'INCONNU.

Parce que le maître de la voiture, en apprenant qu'il n'y a
pas de chevaux à la poste, pourrait vouloir doubler le relai.

MADAME LORIOL.

En effet, c'est probable.

L'INCONNU.

Or, je veux qu'il lui soit impossible de continuer sa route.

MADAME LORIOL.

Je comprends, mais...

L'INCONNU.

Voici pour le postillon.

Il lui donne de l'argent.

MADAME LORIOL.

Une pistole ! Oh ! à ce prix-là, je vous promets qu'il se dé-
pêchera.

L'INCONNU.

Encore un mot. — Vous vous garderez de parler de mon arrivée à ce voyageur, et vous laisserez ignorer à tout le monde
que vous agissez d'après mes instructions.

MADAME LORIOL.

Il suffit, mon gentilhomme.

L'INCONNU.

Silence absolu, vous entendez ?

MADAME LORIOL.

Oui, monseigneur.

L'INCONNU.

Allez !

MADAME LORIOL, à part.

Bien sûr, c'est quelque amant, ou quelque mari jaloux...

Elle sort par le fond.

L'INCONNU, seul, s'asseyant à gauche.

Allons, j'ai tout prévu... mes mesures sont bien prises...
et à moins que le diable ne se mêle de mes affaires, celui que
j'attends ne peut m'échapper... Je joue une partie audacieuse,
terrible, mais je la gagnerai, je le sens !..

MADAME LORIOL, rentrant.

Mes ordres sont donnés... Les postillons emmènent les
chevaux...

Un valet tout poudreux, chaussé de grandes bottes et un fouet à la
main, accourt par le fond.

SCÈNE VIII

Les Mêmes, LE VALET, puis NICOLE.

L'INCONNU.

Ah ! mon valet ! (Allant à lui.) Eh bien ?

LE VALET, bas à l'Inconnu.

La chaise de poste sera ici dans cinq minutes.

MADAME LORIOL, à part.

Ah ! mon Dieu !... Les voilà deux à présent !

L'INCONNU.

Tu es sûr que cette voiture est celle de notre homme ?

LE VALET.

Parfaitement sûr.

L'INCONNU.

Il suffit ! Retourne m'attendre à l'endroit convenu... (Le valet sort — à madame Loriol.) Avez-vous une chambre à me donner près de cette salle ?

MADAME LORIOL, allant ouvrir une porte à droite.

Celle-ci, monseigneur.

L'INCONNU.

Faites-moi servir un flacon de vin d'Espagne.

MADAME LORIOL, appelant à gauche.

Nicole !.. Nicole !.

NICOLE, accourant.

Voilà, bourgeoise !

MADAME LORIOL.

Du vin d'Espagne dans la chambre bleue pour ce gentilhomme...

NICOLE.

Ce gentilhomme... (Le regardant.) Tiens ! il est masqué !

MADAME LORIOL.

Allons bavarde !.. pas de réflexions !.. Obéis !

Nicole va chercher la bouteille et le verre et les porte dans la chambre à droite. — On entend en dehors un bruit de grelots et des claquements de fouet, annonçant l'arrivée d'une chaise de poste.

L'INCONNU, à madame Loriol.

C'est notre voyageur... allez le recevoir... et n'oubliez aucune de mes recommandations.   Il entre à droite.

MADAME LORIOL.

Aucune, monseigneur... (A part.) C'est bien singulier, tout ça... mais bah ! ça le regarde !..   Elle sort par le fond.

NICOLE, reparaissant.

Mettre un masque !.. Ah ! ben, par exemple, v'là qu'est drôle !

Elle sort par la gauche. — Le comte de Sivry, en costume de voyage, entre par le fond, suivi de la maîtresse de poste.

SCÈNE IX

LE COMTE DE SIVRY, MADAME LORIOL.

DE SIVRY, très-agité.

Comment !.. que m'apprenez-vous là ? Pas de chevaux ?

MADAME LORIOL.

Pas un seul, pour le moment, mon gentilhomme.

DE SIVRY.

Un retard !.. quand je n'ai pas une minute à perdre… quand il faudrait que je me remisse en route à l'instant même !..

MADAME LORIOL.

Dame ! ça me paraît bien difficile, à moins que vous n'alliez à pied…

DE SIVRY.

Voyons… faites un effort pour m'en procurer… je paierai ce qu'il faudra.

MADAME LORIOL.

Vous ne trouveriez pas deux chevaux dans le pays, quand vous donneriez leur pesant d'or.

DE SIVRY.

Alors, dites au postillon qui m'a amené de ne pas dételer… je double le relai.

MADAME LORIOL, allant au fond et regardant.

Oui, monseigneur !… Ah ! le postillon est déjà reparti.

DE SIVRY, frappant du pied.

Ah ! c'est désespérant !

MADAME LORIOL.

Tenez, mon gentilhomme, m'est avis que vous ferez mieux de prendre patience. D'ici à deux heures, mes chevaux seront de retour, et vous pourrez continuer votre voyage.

DE SIVRY.

Attendre deux heures !.. C'est impossible !

MADAME LORIOL.

Je ne vois aucun moyen de faire autrement.

DE SIVRY.

Ah ! quelle fatalité !..

MADAME LORIOL, à part, le regardant.

Pauvre jeune homme !.. il me fait de la peine… mais qu'y faire ?.. Je suis payée pour me taire et pour obéir !..

Elle sort.

SCÈNE X

DE SIVRY, puis JEAN.

DE SIVRY, seul s'asseyant à gauche.

Arrêté par un obstacle, quand je touchais presque au but!..
Forcé d'attendre dans cette auberge... Oh! non, je parti-
rai... je trouverai un moyen de... (Regardant autour de lui.)
Comment! cette femme n'est plus là!... (Se levant et appelant.)
Holà!.. quelqu'un!.. (Criant avec impatience.) Ah çà! voyons!..
viendra-t-on?..

JEAN, entrant par la gauche.

Eh bien, quoi donc?.. qu'est-ce qu'y a?.. (Très-surpris.) Ah
bah!.. monsieur de Sivry!..

DE SIVRY.

Tu me connais?

JEAN.

Si j'vous connais!.. ah! j'crois bien... après c'que vous
avez fait pour moi... mais regardez-moi bien!

DE SIVRY, le regardant.

Attends donc!.. En effet, il me semble me rappeler..

JEAN.

Y a deux ans... à pareille époque..

DE SIVRY.

Tu es ce garçon...

JEAN.

Qu'avalait un bouillon dans la Marne... un soir que j'avais
mené boire les chevaux de la bourgeoise. Vous passiez en
voiture sur la route...

DE SIVRY.

Pour me rendre au château de mon oncle... J'entends crier
au secours...

JEAN.

C'était moi qui faisais l'plongeon... Vous piquez bravement
une tête, et vous me retirez de la marmite aux grenouilles...
Il était temps... Je commençais à couler.. une minute plus
tard, bonsoir, la compagnie! c'était fini de rire... Si je vous
reconnais! Ah! jarnipopette!.. Je n'avais garde de vous oublier... n'y a pas de jour que j'n'aie pensé à vous... Et si vous
vous êtes jeté à l'eau pour moi, foi d'Jean Tabarin, je me jet-
terais au feu pour vous!

DE SIVRY.

Vraiment?.. Eh! bien, mon garçon, tu peux me rendre un
grand service.

JEAN.

De tout mon cœur ! Parlez !.. Qu'est-ce qu'y faut faire ?

DE SIVRY.

Me trouver des chevaux.

JEAN.

Des chevaux ?..

DE SIVRY.

Oui, des chevaux à l'instant.

JEAN.

Vous êtes donc bien pressé de partir ?

DE SIVRY.

Le moindre retard peut avoir les conséquences les plus graves, m'empêcher de recueillir un immense héritage, compromettre l'avenir de deux êtres qui me sont chers.

JEAN.

Ah ! mon Dieu !...

DE SIVRY.

De ma femme, de ma fille...

JEAN.

Ah ! vous êtes marié ?...

DE SIVRY.

Oui, marié, marié secrètement, et contre la volonté de mon oncle, en ce moment à toute extrémité... Aussi, juge de mon impatience d'arriver près de lui ; car de son pardon, de cette dernière entrevue, dépendent la fortune, le bonheur de celle que j'aime et à qui ce retard peut devenir si funeste !

JEAN.

Oui, oui, je comprends... mais ne vous désolez pas ! je vas tâcher d'trouver c'qui vous faut...

DE SIVRY.

Va, va... hâte-toi !

JEAN.

Dans un instant, je reviens, et vous partirez, c'est moi qui vous l'dis... quand je devrais m'atteler moi-même à la chaise de poste !... A bientôt, monsieur le comte, à bientôt !...

Il sort en courant par le fond.

SCÉNE XI

DE SIVRY, seul.

Brave garçon !... Mon Dieu ! si j'arrivais trop tard pour recevoir les derniers adieux de mon oncle... s'il mourait sans m'avoir pardonné, si cet héritage... Ah ! le ciel m'est témoin que ce n'est pas pour moi que je l'ambitionne... C'est pour mon enfant, pour ma femme... Pauvre Louise ! depuis dix ans, pas un murmure, pas une plainte... Elle s'est résignée à l'existence obscure que je lui faisais... sans même avoir la joie de porter mon nom... ce nom qui lui appartient cependant!.. Et j'aurais la douleur de ne pouvoir récompenser enfin tant de dévouement, de vertu, de sacrifices!... (Après un moment de silence.) Le temps passe... et Jean ne revient pas... Ah! l'impatience me dévore... et je vais...

> Il remonte pour sortir. — Pendant les derniers mots de son monologue, l'inconnu, toujours masqué, est sorti doucement de la chambre de droite, et, sans faire de bruit, il est allé fermer la porte du fond. — Au moment où monsieur de Sivry va pour sortir, il se trouve en face de l'inconnu qui lui barre le passage.

SCÈNE XII
DE SIVRY, L'INCONNU.

DE SIVRY, étonné d'abord et saluant.
Pardon, monsieur... Je voudrais passer...

L'INCONNU, froidement.
Vous ne passerez pas!

DE SIVRY.
Hein!... Qui êtes-vous? — Et que me voulez-vous?

L'INCONNU.
Je suis votre ennemi, et je veux vous tuer.

DE SIVRY.
Un guet-apens!...

L'INCONNU, tirant son épée.
Un duel! Défendez-vous!

DE SIVRY.
Je ne me bats pas avec un homme qui cache son visage.

L'INCONNU.
Vous vous battrez pourtant!

DE SIVRY, cherchant à passer.
Arrière, vous dis-je!

L'INCONNU.
Vous ne sortirez pas!

DE SIVRY.
Misérable!... Je saurai te forcer à me livrer passage!

Il met l'épée à la main.

L'INCONNU.
Allons donc! Je savais bien que vous croiseriez le fer avec moi!

DE SIVRY, avec hauteur.
Vous vous trompez! Je ne fais point à l'inconnu masqué l'honneur de l'accepter pour adversaire, je contrains le bandit à me céder la place!

L'INCONNU.

Eh! qu'importe!... Je vous tiens au bout de mon épée, c'est tout ce que je veux!...

Combat acharné. — Depuis quelques instants, le jour a baissé. — Il fait presque nuit — Tout à coup, on entend frapper à la porte du fond.

JEAN, en dehors.

Ouvrez!... C'est moi!...

L'INCONNU.

Quelqu'un!... Il faut en finir!...

Il combat avec un redoublement de fureur. — L'épée de Sivry se brise.

DE SIVRY.

Mon épée est brisée!...

L'INCONNU.

Je vous l'avais bien dit que je vous tuerais!...

Il le frappe en pleine poitrine.

DE SIVRY, poussant un cri.

Ah!... assassin!.. assassin!

Il tombe sur un banc à droite.

SCÈNE XIII

LES MÊMES, JEAN, entrant tout essoufflé, par la porte de gauche.

JEAN.

Comment! enfermé!... Ouf!... C'est égal, me v'là, et j'amène... (*Apercevant l'homme masqué et avec une exclamation de surprise.*) Ah!...

L'INCONNU, tirant un pistolet.

Pas un mot!... Pas un cri!... ou tu es mort!.. —

Il s'élance vers la porte du fond et s'enfuit.

JEAN, stupéfait.

Hein?... Qu'est-ce que c'est que cet homme-là?... (*Il va pour courir après lui, lorsqu'un gémissement de Sivry l'arrête; — S'approchant.*) Miséricorde!... monsieur de Sivry... blessé... (*Criant.*) A l'aide!.. au meurtre!...

DE SIVRY, d'une voix éteinte.

Jean... écoute-moi...

JEAN, à genoux près de lui.

Me voilà... me voilà..

DE SIVRY.

Je meurs... assassiné!...

JEAN.

Assassiné!....

DE SIVRY, tirant de son pourpoint une enveloppe cachetée.

Prends ces papiers...

JEAN.

Ces papiers?...

DE SIVRY.

C'est mon acte de mariage… l'acte de naissance de ma fille…
c'est la preuve de leurs droits… à l'héritage dont je t'ai parlé…

JEAN, prenant les papiers.

Bien… bien… Je comprends…

DE SIVRY.

Tu iras à Paris… tu remettras à… ma femme… ce précieux dépôt… .

JEAN.

Oui… je vous l'promets… je vous le jure… Mais tout espoir n'est pas perdu, vous vivrez…

DE SIVRY, dont la voix s'affaiblit de plus en plus.

Non… non… (Faisant un effort.) Tu la trouveras…

JEAN.

Où?

DE SIVRY.

Ah!…
                                          Il retombe.

JEAN.

Il se meurt!.. (Criant.) Du secours! du secours!..

SCÈNE XIV

DE SIVRY, JEAN, MADAME LORIOL, NICOLE, Paysans, puis MONDOR.

MADAME LORIOL, entrant avec de la lumière et suivie de Nicole
et de paysans.

Ces cris!.. Qu'y a-t-il? Qu'est-il arrivé?

JEAN, leur montrant le corps de de Sivry.

Voyez!

MADAME LORIOL.

Grand Dieu!.. ce gentilhomme?.

JEAN, qui lui a mis la main sur le cœur.

Il est mort!

TOUS.

Mort!..

JEAN.

Oui, tué par un gredin que j'ai trouvé ici et qui s'est enfui
à mon approche…

MADAME LORIOL.

Bonté divine!.. quelle aventure!

JEAN, aux paysans.

Il faut courir après lui.….

MADAME LORIOL.

Allez à la ville chercher M. le bailli…

TOUS.

Oui, oui !...

Deux paysans sortent.

JEAN, à lui-même.

Quant à moi, j'ai une tâche à remplir...

MONDOR, qui vient d'entrer, s'approchant de lui.

Qu'est-ce que c'est? Un meurtre ! Oh ! quel vilain pays !
Partons !

JEAN, à Mondor.

Monsieur, j'ai réfléchi... je pars avec vous !

MONDOR.

En route !

Le rideau baisse.

ACTE PREMIER
LA VRAIE PARADE DE TABARIN

Au premier plan, à gauche, à l'angle de la place Dauphine, et un peu oblique, les tréteaux de Tabarin, communiquant avec l'intérieur de la maison par une porte recouverte de rideaux. Au fond, la statue de bronze de Henri IV. — Sur le devant, les boutiques-rotondes du Pont-Neuf.

SCÈNE PREMIÈRE

GENTILSHOMMES, BOURGEOIS, GENS DU PEUPLE, TIRE-LAINE, UNE BOUQUETIÈRE, UN MARCHAND DE GATEAUX, UN ESCAMOTEUR, UN CHANTEUR DES RUES.

Au lever du rideau, tableau animé. — Une foule de gens de toute espèce encombre le Pont-Neuf ; gentilshommes, clercs de la bazoche, bourgeois, gens du peuple, tire-laine. — Un barbier rase ses pratiques, en plein air, devant sa boutique. — Une bouquetière crie et vend ses fleurs — Un escamoteur fait ses tours, au milieu d'un cercle de curieux. — Les tire-laine, profitant de l'occasion, glissent leurs mains dans les poches des spectateurs. — Cris des marchands, des bateleurs, — brouhaha.

LA BOUQUETIÈRE, *criant.*

De belles roses !.. de beaux œillets !.. fleurissez-vous!

UN MARCHAND DE GATEAUX.

Achetez des gâteaux !.. Tout chauds! Tout brûlants!.

UN ESCAMOTEUR.

Voyez, messieurs et dames !. rien dans les mains, rien dans les poches !.. Je prends mon petit bâton de Jacob, je sème un peu de poudre de perlimpinpin... en disant à la muscade : « Passe! contre-passe !.. » Rien sous le gobelet de gauche... rien sous celui de droite... rien également sous celui du milieu... La muscade a passé à mon commandement dans le nez de ce jeune homme... *(Il retire une muscade du nez d'un spectateur. — Rires et applaudissements.)* De plus fort en plus fort !.. Quelqu'un voudrait-il me confier pour un instant une pièce de monnaie ?..

UN BOURGEOIS, *qu'un tire-laine vient de dévaliser.*

Moi !.. *(Se fouillant.)* Eh bien ?. Et ma bourse?... et ma tabatière?... *(Apercevant le tire-laine qui s'esquive.)* Ah !... au voleur !... au voleur !

Il court après lui.

LA BOUQUETIÈRE.

Ah! voilà le Savoyard !

TOUS.

Le Savoyard!..

Entre un chanteur des rues, avec une viole — Tout le monde forme le cercle.

LE CHANTEUR ; il accorde sa viole et se met à chanter.

RONDE.

Air nouveau de M. Fossey.

I

Voulez-vous savoir l'histoire
De la belle Madelon ?
En revenant de la foire,
De la foire de Meudon,
Ell' rencontre un mousquetaire,
   Laire lire laire,
— « Monsieur, laissez-moi passer !
— « Pour ça, répond l'militaire,
« La belle il faut m'embrasser. »

   Et le mousquetaire,
   Laire lire laire,
   De forc' l'embrassa,
Lire, laire, lire, lonla !

REPRISE EN CHOEUR

II

Le lendemain, pour se plaindre,
Ell' fut trouver le sergent :
— « Un soldat sut me contraindre
« Pour un' fille c'est outrageant !
« Vu sa conduit' téméraire,
   « Laire lire laire,
« A m'épouser faut l'forcer,
— « On l'y forcera, ma chère,
« Mais d'abord faut m'embrasser. »

   Et le militaire,
   Laire lire laire,
   Deux fois l'embrassa,
Lire laire lire lonla !

REPRISE EN CHOEUR

III

Tout en pleurs et hors d'haleine,
Notre pauvre Madelon
Courut chez le capitaine
Conter la chos' tout au long.

— « Pour le tort qu'il a su m' faire,
  « Laire lire laire,
« Le sergent doit m'épouser.
— « Il t'épousera, ma chère,
« Mais il me faut un baiser. »

   Et le gai compère,
   Laire lire laire,
   Trois fois l'embrassa,
Lire laire lire lonla !

REPRISE EN CHŒUR

IV

Voyant que, dans l' militaire,
C'étaient tous de vrais pandours,
Mad'lon épousa Jean-Pierre,
Un meunier des alentours.
Ce mariage fut prospère,
   Laire lire laire,
Car la belle Madelon,
Six mois après, devint mère,
A la fac' de tout Meudon,

   D'un p'tit mousquetaire,
   Laire lire laire,
   Dont Jean s'crut l' papa,
Lire laire lire lonla !

REPRISE EN CHŒUR

Après la chanson, le Savoyard s'éloigne et la foule remonte pour l'accompagner. Alors, on voit entrer de différents côtés, deux hommes à figure d'aigrefins — c'est Camusot et Broccoli — ils s'accostent, et ils entament la conversation à voix basse sur le devant de la scène.

SCÈNE II

CAMUSOT, BROCCOLI. — FOULE au fond.

CAMUSOT.

Eh bien, chevalier Broccoli ?

BROCCOLI, avec l'accent italien.

Eh bien, maître Camusot ?

CAMUSOT.

Combien avez-vous enrôlé d'hommes ?

BROCCOLI.

Ouné dixaine. — Et vous ?

CAMUSOT.

Autant.

2.

BROCCOLI.

Total : Vinti. — c'est piou qu'il ne nous en faut.

CAMUSOT.

Vous leur avez laissé ignorer que c'est pour le compte du baron de Maugars ?

BROCCOLI.

Zai évité, d'après sa récommandation espresse, di pronocer son nom.

CAMUSOT.

Et vous avez bien fait.

BROCCOLI.

Perché il né faut zammis compromettre...

CAMUSOT.

Ceux qui nous dirigent...

BROCCOLI.

Et qui nous paient.

CAMUSOT.

Le bras doit ignorer ce que fait la tête.

BROCCOLI.

Bellé massime, maîtré Camousot !

CAMUSOT.

J'ai été clerc de procureur, chevalier Broccoli.

BROCCOLI.

Donqué, il paraît qué la pétite loui tient au cœur?

CAMUSOT.

Il paraît.

BROCCOLI, d'un air connaisseur.

Bella ragazza !

CAMUSOT.

Ainsi, voilà qui est entendu, à deux heures...

BROCCOLI.

Pendant la parade di Tabarino...

CAMUSOT.

Nous faisons naître un encombrement, à l'aide de nos hommes, et alors...

BROCCOLI.

Nous enlévons la belle.

CAMUSOT.

C'est cela.

BROCCOLI.

Ma, dite un poco, éllé séra donc sour lou Pont-Neuf en cé moment-là ?

CAMUSOT.

On s'arrangera pour l'y faire passer.

BROCCOLI.

Capisco !

CAMUSOT.

Au revoir, chevalier !

BROCCOLI.

A revedere, signor !

Ils s'éloignent chacun d'un côté. — Aussitôt, on entend dans la baraque le bruit d'une altercation.

SCÈNE III

PROMENEURS, MARCHANDS, MONDOR, puis TABARIN.

TABARIN, *dans la baraque.*

Vous irez !

MONDOR, *dans la baraque.*

Je n'irai pas !

TABARIN, *de même.*

Vous irez !

MONDOR.

Je n'irai pas ! (*Bruit de soufflet — Mondor entre, en se tenant la joue.*) J'irai !.. (*A lui-même.*) Ce Tabarin le prend avec moi sur un ton !.. Il abuse de ce qu'il fait ma fortune, (pendard, va !) de ce que, grâce à ses parades, je débite mes drogues au poids de l'or, (marand !) pour traiter son maître comme un valet !.. Un drôle qui, sans moi, croupirait encore dans une auberge de village... Il est vrai que, sans lui, je courrais misérablement la province, tandis qu'aujourd'hui... (*Remontant.*) Eh bien ! oui, je ferai tes commissions... mais parce que je le veux bien... parce que j'ai affaire de ce côté-là... et que ça me promène... sans quoi...

TABARIN, *sortant de la baraque.*

Comment ! vous êtes encore ici ? quand j'attends mon haut-de-chausse ! mais allez donc, sarpejeu ! allez donc !

MONDOR, *à part.*

Comme il me parle !.. (*Avec colère*) Ah ! je ne sais qui me tient !..

TABARIN.

Hein ?.. Vous dites ?..

MONDOR.

Rien. (*Très-gracieux.*) J'y vais, mon petit Tabarin, j'y vais. (*A part, en le menaçant du poing.*) Butor ! chenapan ! maroufle ! (*Tabarin se retourne — Changeant de ton.*) Adieu, mon ami ! Adieu, mon petit Tabarin !   *Il sort.*

SCÈNE IV

LES MÊMES, moins MONDOR, puis HENRI DE MARSAN.

TABARIN, regardant autour de lui.

Ah ! ah ! déjà foule sur le Pont-Neuf... Je crois que nous aurons du monde à ma représentation de tantôt...

HENRI, entrant et lui frappant sur l'épaule.

Bonjour, Tabarin.

TABARIN, saluant.

Ah ! c'est vous, mon gentilhomme !.. Vous venez rendre visite à ma jolie voisine de la place Dauphine ?

HENRI.

En effet, je me rends chez elle. Crois-tu que je l'y trouverai ?

TABARIN.

Oh ! certainement, monsieur le chevalier ! Elle doit être, comme d'habitude, à broder près de sa fenêtre. C'est là, depuis qu'elle habite une petite chambrette, tout en haut sous les toits, dans la maison en face de mes tréteaux, que je l'aperçois, travaillant du matin au soir derrière ses giroflées...

HENRI.

Chère Hélène !.. Oui, c'est un ange de vertu, de sagesse...

TABARIN, gaiement.

Un ange !.. Parbleu ! quand on demeure si près du ciel !..

HENRI.

Elle venait quelquefois chez ma mère, la comtesse de Marsan, rapporter de l'ouvrage. Sa beauté, son air candide et honnête firent une vive impression sur mon cœur... Je n'eus plus qu'un désir, celui de la connaître, de me faire aimer d'elle... Je cherchais toutes les occasions de la rencontrer... Dès que mon service au Louvre me laissait quelque liberté, j'accourais me poster aux environs de sa demeure...

TABARIN.

Oui, oui... je vous ai souvent remarqué, faisant le pied de grue.

HENRI.

D'abord, elle refusa de me parler, de me répondre, mais peu à peu, mon respect appela sa confiance... J'appris qu'elle était orpheline, seule au monde...

TABARIN.

C'est vrai, pauvre fille ! Elle m'a conté ça... car, chaque matin, en allant chercher son déjeuner, elle me dit bonjour, en passant... nous échangeons quelques mots... Dame ! entre voisins, c'est assez naturel...

HENRI.

Enfin, j'obtins la permission d'aller quelquefois lui tenir compagnie... de lui rendre visite de temps en temps.

TABARIN, riant.

Et vous venez la voir tous les jours !

HENRI.

Mais loin de moi la pensée d'abuser de sa confiance! Mon amour pour Hélène est aussi pur qu'il est sincère.

TABARIN.

Et c'est pour cela que je m'y intéresse. Vrai ! quoique je vous connaisse à peine, j'ai de l'amitié pour vous deux... c'est si gentil, les amoureux ! Je voudrais vous voir heureux, mariés...

HENRI.

Mariés! Ah ! ce serait le plus cher de mes vœux. — Malheureusement, je ne suis pas mon maître.

TABARIN.

Ah ! oui, vous êtes gentilhomme, vous avez une famille...

HENRI.

Qui, bien que je ne sois qu'un simple cadet, s'opposerait à mon mariage avec une fille sans naissance, une pauvre ouvrière. D'ailleurs, en ma qualité de sous-lieutenant aux gardes du roi, il me faudrait aussi l'agrément de Sa Majesté...

TABARIN.

Diantre ! Mais alors qu'espérez-vous donc ?

HENRI.

Eh ! le sais-je moi-même ! Est-ce que l'amour raisonne ?.. Est-ce qu'il se laisse vaincre par les obstacles ? J'aime Hélène de toute mon âme, sa tendresse est tout mon bonheur, toute ma vie,... Voilà ce que je sais. Quant au reste, je me fie à l'avenir. — Mais elle doit m'attendre, je te quitte...

TABARIN.

Allez, allez, mon officier...

HENRI, qui allait pour sortir, s'arrêtant.

Que vois-je ! C'est elle !..

TABARIN, regardant.

Comme elle parait agitée !..

SCÈNE V

LES MÊMES, HÉLÈNE, entrant précipitamment, un petit carton
à la main.

HÉLÈNE.

Ah ! monsieur Henri !.. Vous voilà, je suis heureuse de vous rencontrer !

HENRI.

Comment, Hélène, vous sortez, quand j'allais chez vous !

HÉLÈNE.

Pardon de ne vous avoir pas attendu, mon ami... J'ai de l'ouvrage à reporter, rue Saint-Jacques...de l'ouvrage pressé, et ne vous voyant pas venir...

TABARIN.

Ne le grondez pas, ma voisine! c'est moi qui ai retenu monsieur le chevalier. Nous causions de vous...

HÉLÈNE, préoccupée.

De moi?.. Ah!.. (A part, regardant.) Je ne le vois plus!.

HENRI.

Mais qu'avez-vous donc, ma chère Hélène ! Vous paraissez émue... inquiète...

TABARIN.

En effet... vous voilà toute tremblante.

HÉLÈNE.

Ah! c'est que tout à l'heure, en sortant, j'ai fait une rencontre qui m'a un peu effrayée...

HENRI.

Une rencontre?

TABARIN.

Et laquelle?

HÉLÈNE.

Celle d'un gentilhomme qui, depuis quelque temps, s'attache à mes pas.

HENRI.

En vérité !..

TABARIN.

Quelque muguet, quelque raffiné, comme on dit aujourd'hui !

HÉLÈNE.

Je ne puis plus sortir, sans être suivie, obsédée par cet inconnu.

HENRI.

Pourquoi donc, chère Hélène, ne m'avoir pas plus tôt parlé de cela?

HÉLÈNE.

Je craignais votre jalousie, votre emportement. Et d'ailleurs, j'espérais qu'il se lasserait de ses poursuites.

TABARIN.

Et ce beau damoiseau, vous venez de le voir?..

HÉLÈNE.

Il n'y a qu'un moment, sur la place Dauphine... Il semblait m'attendre, me guetter... mais j'ai pressé le pas, je me suis enfuie, et sans doute, grâce à la foule, il aura perdu ma trace.... (Voyant paraître Maugars et poussant un cri.) Ah !..

HENRI et TABARIN.

Quoi donc?

HÉLÈNE.

C'est lui !..

TABARIN.

Lui !..

SCÈNE VI

Les Mêmes, MAUGARS.

HENRI, avec colère.

Morbleu !.. Je vais savoir de quel droit...

HÉLÈNE, l'arrêtant.

Ah ! pas de querelle ! Henri ! mon ami ! je vous en conjure !...

HENRI.

Soit !.. J'obéis... je me contiendrai... mais laissez-moi du moins veiller sur vous... permettez que je vous accompagne...

HÉLÈNE.

Oh ! de tout mon cœur !.. (Gaiement.) Allons ensemble reporter mon ouvrage.

HENRI.

Et de là, je vous ramènerai chez vous.

TABARIN, gaiement.

C'est ça !. de cette manière vous n'aurez rien à craindre... Vous aurez un porte-respect !

HÉLÈNE.

Dans une heure nous serons revenus.

MAUGARS, à part.

C'est bon à savoir !

HÉLÈNE.

A bientôt, monsieur Tabarin !

TABARIN.

A bientôt, mam'zelle... Et bonne promenade !

HENRI, lui offrant le bras.

Venez, ma chère Hélène !

HÉLÈNE.

Partons!

Ils s'éloignent ensemble par le fond, à gauche.

SCÈNE VII

TABARIN, MAUGARS, PROMENEURS, au fond,
allant et venant.

TABARIN, regardant s'éloigner Henri et Hélène.

Sont-ils gentils, comme ça, bras dessus, bras dessous!..
Ah! quel joli petit ménage ça ferait!..

MAUGARS, qui a tout observé à l'écart à lui-même.

Un amoureux!.. Diable! c'est un obstacle de plus!.. N'importe! je réussirai... il le faut! Dès aujourd'hui cette jeune
fille sera en mon pouvoir... et alors sa volonté se brisera contre la mienne!

TABARIN, à part, regardant Maugars.

Il est encore là!... hum!... figure de traître.

Fredonnant.

Comme j'étais au banquet;
Bon birolet,
Et qu'on dansait à ma noce,
La mère au cousin Jacquet,
Bon birolet,
Me dit : au front vous avez un' bosse.

MAUGARS, à part.

Qu'a donc ce bateleur à m'observer?.. D'ici à une heure,
Hélène sera de retour... ne nous éloignons pas, et assurons-
nous que mes ordres sont exécutés.

Il sort par le fond à gauche.

TABARIN, à part, l'observant.

Il rumine quelque projet... Mais, par bonheur, j'ai l'œil au
grain! (Un grand mouvement se fait parmi la foule.) Qui vient là?

SCÈNE VIII

LES MÊMES, MARION DELORME, dans une chaise à porteurs
entrant par le fond à droite, puis BASSOMPIERRE,
SAINT-EVREMOND, L'ABBÉ DE GONDI
et autres GENTILSHOMMES.

MARION, dans la chaise.

C'est bien! c'est bien!.. Arrêtez! Je descends!

TABARIN, s'approchant.

Eh! mais, c'est mademoiselle Marion Delorme!

MARION.

Bonjour Tabarin!.. (Elle sort de la chaise à porteurs.) Tu vois, je
m'ennuyais, et je viens me divertir à tes parades.

TABARIN,

Bien flatté de vous voir ! Mais comme vous voilà belle et pimpante !

MARION,

Je suis comme toi, j'ai la vogue.

TABARIN, *galement,*

Dans un autre genre !

MARION.

Bah ! c'est toujours de la farce, va ! Et tréteaux pour tréteaux... Enfin, le séjour de Paris m'a porté bonheur, et l'on aurait peine à reconnaître la naïve Champenoise qui attendait le coche à l'auberge de la poste...

TABARIN.

Il y a huit ans.

MARION.

Huit ans !.. déjà? Comme le temps passe ! (*Riant.*) Et l'innocence donc!

TABARIN.

Ah çà ! et votre ancien prétendu... en avez-vous eu des nouvelles?

MARION.

Le Camusot? Oui, vraiment, il s'est résigné à rester garçon...

TABARIN.

Avec sa figure, c'était le plus prudent.

MARION.

Il est à Paris, où il fait je ne sais quel métier ténébreux.

TABARIN.

Ah bah!

MARION.

Ah ! je n'ai pas oublié le service que tu m'as rendu, en me tirant de ses griffes... Et, vienne l'occasion, tu verras que Marion n'est pas une ingrate...Je suis fidèle à mes amis, moi... à ceux-là seulement, par exemple... quant aux autres...

TABARIN, *riant.*

Le bon billet qu'a La Châtre... comme dit mademoiselle de Lenclos... Oui, oui, je sais... Ah! ah! ah !

MARION, *riant aussi.*

Ah! ah! ah !...

BASSOMPIERRE, *entrant, et aux gentilshommes qui le suivent.*

Eh ! messieurs, par ici ! Venez donc! c'est elle! c'est notre charmante Marion !

LES GENTILSHOMMES, *s'approchant.*

Marion !

SAINT-EVREMOND.

Salut à la belle des belles!

L'ABBÉ DE GONDI.

A la reine de nos soupers, de nos fêtes!

TABARIN, à part.

Est-elle encensée, adulée!

MARION, négligemment

Bonjour, messieurs... bonjour, Saint-Evremond, bonjour, l'abbé... bonjour, monsieur de Bassompierre... (A Maugars, qui s'est aussi approché.) Ah! tiens, c'est vous, baron!..

TABARIN, à part.

Elle le connaît!..

MARION, à Bassompierre.

Eh bien, messieurs, que me direz-vous de neuf?

BASSOMPIERRE, galamment.

Que vous avez les plus beaux yeux du monde.

MARION.

Cela n'est pas nouveau.

SAINT-EVREMOND.

Que nous vous aimons, que nous vous adorons...

MARION.

Cela n'est pas neuf non plus.

L'ABBÉ DE GONDI.

Et que vous êtes cruelle.

MARION, riant.

Ah! c'est un peu plus neuf, ceci!

SAINT-EVREMOND.

Mais pourquoi ce changement?

BASSOMPIERRE.

Pourquoi, depuis quelques jours, vous faire un jeu de nous désespérer?

L'ABBÉ DE GONDI.

Nous, vos adorateurs, vos chevaliers fidèles!..

MARION.

Ah! pourquoi!.. pourquoi!

L'ABBÉ DE GONDI.

Auriez-vous une passion?

MARION.

Eh! eh! qui sait?.. Peut-être bien!

BASSOMPIERRE, avec éclat.

Messieurs!.. messieurs!.. une vraie nouvelle! Marion est sérieusement amoureuse!

TOUS.

Vraiment?. vraiment?..

MARION.

Eh bien, oui, je l'avoue... et ce qui va vous étonner bien davantage, c'est une passion platonique.

LES GENTILSHOMMES, éclatant de rire.

Ah! ah! ah!

BASSOMPIERRE.

Une passion platonique!.. Ah! par exemple, c'est trop fort!

SAINT-EVREMOND.

Voilà Marion qui donne dans la bergerade!...

L'ABBÉ DE GONDI.

Qui voyage dans le pays du Tendre!

BASSOMPIERRE.

Elle aura lu les romans de mademoiselle de Scudéri!

MARION.

Riez! riez, messieurs! c'est comme cela!

SAINT-EVREMOND.

Mais c'est désespérant!

BASSOMPIERRE.

C'est un crime de lèse-humanité!

MAUGARS, à Marion.

Et quel est l'heureux phénix qui vous a inspiré un pareil amour?

MARION.

Ah! vous êtes trop curieux, mon cher!

TABARIN, qui en entendant parler Maugars, a fait un mouvement. — A part.

J'ai déjà entendu cette voix-là quelque part!

MARION, avec ironie.

A propos, baron, et votre héritage?

MAUGARS, froidement.

Eh bien!... mon héritage... j'attends toujours.

MARION, riant.

Ah! ah! ah!.

L'ABBÉ DE GONDI.

Comment!.. quel héritage?

MARION.

Eh! quoi, messieurs, vous ignorez cette histoire? Figurez-vous que ce pauvre baron...

MAUGARS, cherchant à la faire taire.

Marion!..

MARION, continuant.

Que ce pauvre baron avait un grand-oncle en Champagne... du côté de Châlons...

TABARIN, à part.

Hein?..

Il devient attentif.

MARION.

Un oncle millionnaire, dont un seul héritier plus direct, ou
plus aimé du testateur, lui disputait la succession...

MAUGARS, voulant toujours lui imposer silence.

Encore une fois!..

MARION.

Au moment où il se rendait près de l'oncle pour lui fermer
les yeux, l'héritier est assassiné dans une auberge.

MAUGARS.

Assassiné!..

MARION.

Ou tué en duel, si vous aimiez mieux.

TABARIN.

Mais c'est l'histoire de monsieur de Sivry, que vous con-
tez là?

MAUGARS.

Tu l'as connu?

TABARIN.

Parbleu!.. J'étais là, le soir où...

BASSOMPIERRE.

Pauvre Sivry!.. Le plus brave officier de mon régiment,
quand j'étais colonel des gardes-suisses!

MARION, reprenant son récit.

Bref, le voilà mort... Naturellement le baron croit tenir
l'héritage... Eh bien, pas du tout!

TOUS.

Comment?

MARION.

L'héritier défunt était marié.

MAUGARS.

Oh! marié!.. marié!...

TABARIN, avec force.

Il l'était.

MAUGARS, vivement.

Comment le sais-tu?

TABARIN, regardant Maugars.

Il me l'a dit... en me remettant des papiers qui le prouvent.

MAUGARS, un peu troublé.

A toi?..

TABARIN.

A moi.

MAUGARS, à part.

Diable! voilà un homme dangereux!

BASSOMPIERRE.

Marié secrètement, alors?

MARION.

Sans doute. — Et, à l'ouverture du testament, on trouva...
comment nomme-t-on cela, baron ?... Quoique fille d'huissier, je ne sais pas les termes de la chicane.

MAUGARS, froidement.

Un codicille.

MARION,

C'est cela, un codicille, par lequel l'oncle léguait sa fortune à la femme et à la fille du mort, à la charge par elles de
prouver leurs droits.

SAINT-EVREMOND.

Ce qu'elles ont fait ?

MARION.

Eh ! non, elles ne se sont pas présentées.

L'ABBÉ DE GONDI.

En vérité ! Et pourquoi ?

TABARIN,

Impossible de découvrir leurs traces... on ignore ce qu'elles
sont devenues.

MAUGARS, à part.

Je le sais, moi !

MARION.

De sorte que l'héritage...

MAUGARS.

A été mis sous le séquestre.

MARION.

Et il y restera trente ans, aux termes de la loi.

BASSOMPIERRE.

Ah ! ah ! ce pauvre baron !

L'ABBÉ DE GONDI.

Héritier *in partibus !*   Ils remontent en riant.

TABARIN, s'approchant de Marion, et bas, en lui désignant Maugars.

Comment nomme-t-on ce gentilhomme ?

MARION, bas.

Le baron de Maugars, une créature du cardinal, et même
un peu son espion, à ce qu'on prétend.

Elle va rejoindre les gentilshommes au fond.

TABARIN, à part.

Un coquin, j'en étais sûr !

SCÈNE IX

LES MÊMES, MONDOR.

MONDOR, entrant tout essoufflé.

Ouf !.. me voilà !..

TABARIN.

Vous avez fait ce que je vous avais ordonné ?

MONDOR, rectifiant.

Ce dont tu m'avais prié... Oui... Je suis allé chez le tailleur.

TABARIN.

Et mon haut-de-chausses ?..

MONDOR.

Il n'était pas prêt. Tu l'auras ce soir.

TABARIN.

Voici l'heure de la parade. Venez !...

MONDOR.

Eh ! un moment donc, que diantre ! (S'essuyant le front.) Je n'ai pas un fil de sec !..

TABARIN.

Vous vous sécherez plus tard.

MONDOR.

Mais... (Tabarin lui allonge un coup de pied.) Animal !.. (A part.) En public !

TABARIN.

Marchez donc !..

MONDOR, très-doucement.

Oui, mon ami... (A part.) Qui est-ce qui dirait que c'est mon valet ?..

Ils entrent dans la baraque.

SCÈNE X

MAUGARS, puis CAMUSOT et BROCCOLI.

MAUGARS, à part.

Ces papiers confiés à Tabarin, restés entre ses mains, voilà un secret dont je ferai mon profit... Heureusement il ignore... mais il faut hâter la conclusion du projet que je médite. Cette jeune fille ne peut tarder à revenir.... Et Camusot, et Broccoli, qui n'arrivent pas !.. (Les voyant paraître.) Ah ! les voici enfin !.. (Bas à Camusot et à Broccoli qui s'approchent de lui, en le saluant humblement.) Eh bien ?

CAMUSOT, bas.

Nos gens sont à l'affût.

MAUGARS, bas.

Le carrosse ?

BROCCOLI, bas.

Attend au bout du pont, sour le quai, Essellence...

MAUGARS.

C'est bien !.. Tenez-vous prêts !   Il remonte.

CAMUSOT.

Eh bien, signor Broccoli, il va falloir en découdre !

BROCCOLI.

Si ! si !.. En avant les coups di spada !

MAUGARS, revenant.

Eh bien ! partez donc !..

CAMUSOT.

Voilà ! voilà !

BROCCOLI.

A vos ordres, Essellence !

Ils sortent par le fond à gauche. Maugars s'éloigne par la droite. — On entend un bruit d'instruments, annonçant le commencement de la parade — La foule accourt et se presse autour des tréteaux.

MARION, *reparaissant avec les gentilshommes.*

Ah ! messieurs, voici la parade qui commence... Venez prendre place !

Ils s'asseyent sur des siéges préparés devant la baraque — Mondor paraît suivi de Tabarin, en costume de parade. — Il est salué par les applaudissements des spectateurs.

SCÈNE XI

TABARIN, MONDOR, sur les tréteaux ; SPECTATEURS.

TABARIN, *après avoir salué l'assistance, s'adressant à Mondor.*

Mon maître !

MONDOR.

Qu'y a-t-il, Tabarin ?

TABARIN.

Me répondrez-vous bien à ce que je vais vous demander ?

MONDOR.

Je ne sais pas, Tabarin ; tu as quelquefois des questions si saugrenues que les plus subtils se trouveraient bien empêchés d'en sortir.

TABARIN

Cependant auriez-vous l'esprit de me dire quelle est la chose du monde la plus hardie ?

MONDOR, *avec emphase.*

La chose la plus hardie, c'est la mort ; elle combat, renverse et terrasse les plus audacieux.

TABARIN.

Vous n'y êtes pas, mon maître. La chose la plus hardie, c'est la chemise d'un procureur.

MONDOR.

Pour quelle raison, Tabarin ?

TABARIN.

Parce qu'elle prend tous les jours un larron au collet. Je ne sais si vous avez été savetier, mon maître ; mais comment vous y prendriez-vous pour faire cinquante paires de souliers, en une demi-heure ?

MONDOR.

C'est bien simple. Je prendrais cent ouvriers, et je leur donnerais à chacun un soulier à faire.

TABARIN.

Je ne parle que d'un'homme seul, qui, en une demi-heure, aurait à faire cinquante paires de souliers.

MONDOR.

Et comment ferais-tu, Tabarin ?

TABARIN.

Je prendrais cinquante paires de bottes, je les couperais au dessus de l'empeigne, et en moins d'une demi-heure, j'aurais cinquante paires de souliers. — (Rires et applaudissements de la foule.) Mon maître, vous qui vous vantez d'avoir tant d'expérience, quel moyen emploieriez-vous pour faire passer une troupe de canards sur un pont, sans qu'il soit gâté par leurs malpropretés.

MONDOR.

Cela me paraît assez difficile, vu que ces palmipèdes ont des habitudes assez incongrues. Comment faut-il faire, Tabarin ?

TABARIN.

Il faut faire passer les canards les uns derrière les autres ; mettre le bec du second sous la queue du premier, le bec du troisième, sous la queue du second, et ainsi de suite jusqu'au dernier.

MONDOR.

Ah ! c'est là que je t'attendais !.. mais sous la queue du dernier, qu'y mettras-tu ?

TABARIN.

J'y mettrai votre nez, mon maître.

Explosions de rires et applaudissements de la foule.

MONDOR, furieux.

Malôtru'.. Pourceau !..

MARION, aux gentilshommes qui l'entourent.

Je crois, messieurs, que Tabarin va devenir un peu trop Gaulois — Votre bras, maréchal !   Ils sortent.

TABARIN.

A présent, dites-moi quelle ressemblance il y a entre la lune et la queue d'une bourrique ?..

MONDOR.

C'est la chose la plus étonnante, la plus surprenante ; mais il n'y aura que ceux qui achèteront de mon baume qui pourront la comprendre. Demandez, faites-vous servir, deux sous !..

Tout à coup, on entend au loin une grande rumeur, et des cris.

TABARIN.

Hein ? Qu'est-ce donc ?.. Qu'est-il arrivé ?

La foule remonte pour regarder.

MONDOR.

Bah ! ce n'est rien !.. probablement quelque filou qu'on arrête..'

TABARIN, inquiet.

J'ai entendu des cris... on appelait au secours... (*Voyant paraître Henri.*) Monsieur de Marsan !

Il saute à bas des tréteaux et court à lui. La nuit est arrivée.

SCÈNE XII

LES MÊMES, HENRI, pâle, blessé, les vêtements en désordre et pouvant à peine se soutenir, puis MARION et LES GENTILSHOMMES.

TABARIN, à Henri.

Seul !.. Et elle ?.. mam'zelle Hélène ?

HENRI.

Je la ramenais chez elle, quand des misérables se sont jetés sur nous, sont parvenus à nous séparer... Vainement j'ai tiré mon épée pour la défendre, j'ai été repoussé, écrasé sous le nombre... Et on a entraîné Hélène malgré ses cris.

TABARIN.

Et quel est l'auteur de ce lâche enlèvement?

HENRI.

Eh! qui pourrais-je soupçonner, si ce n'est l'homme qui la poursuivait ce matin?

TABARIN.

Le baron de Maugars!.. Oui, oui, vous avez raison, ce doit être lui !.. Oh ! mais soyez tranquille, nous le retrouverons, nous lui arracherons sa victime !

HENRI.

Oh ! viens..... courons...

Il chancelle.

MONDOR.

Ah! sabre de bois !. Il s'évanouit !.

Il le soutient dans ses bras. — La foule se rapproche. — Marion accourt, et pousse un cri à la vue du chevalier de Marsan.

MARION.

Henri !..

TABARIN.

Vous le connaissez ?..

3.

MARION, avec expression.

Si je le connais?.. mais c'est lui que... (S'approchant de Henri qu'on a posé sur un banc à la porte de la baraque.) Pauvre jeune homme!..

TABARIN.

Je vous le confie... mademoiselle!.. Mondor, je vous le recommande.

Il prend son manteau et son chapeau.

MARION.

Oui... oui... comptez sur moi!

MONDOR.

Ne crains rien! nous veillerons sur lui!

TABARIN, à part.

Moi, je cours sauver celle qu'il aime!

Il s'éloigne précipitamment. — Tout le monde s'empresse autour du blessé.

Le rideau baisse.

ACTE DEUXIÈME

LA MAISON DE LA RUE CLOVIS

A droite, une maison, n'occupant que les deux tiers du théâtre, et séparée, dans sa hauteur, en deux parties. — La partie du bas représente une salle à peine meublée. A gauche la porte d'entrée donnant sur la rue. Au fond, à droite, un escalier conduisant au premier étage. — La partie du haut représente une chambre très-simple. — Au fond à gauche, dans un enfoncement, la porte donnant sur l'escalier, et deux autres portes ouvrant sur des cabinets formant tambour. A droite une cheminée, à gauche, une fenêtre garnie extérieurement de barreaux. Deux escabeaux, l'un près de la cheminée, l'autre près de la fenêtre. Le tiers du théâtre qui n'est pas occupé par la maison représente la rue sombre et déserte.

SCÈNE PREMIÈRE

HÉLÈNE, assise dans la chambre du haut, la tête appuyée sur ses deux mains et dans un [état de prostration complète. — CAMUSOT, BROCCOLI et BAUDRILLE, dans la salle du bas, installés autour d'une table sur laquelle sont des verres et des bouteilles. — Camusot et Broccoli jouent aux cartes — Baudrille, debout à côté d'eux, regarde la partie. — Une lampe placée sur la table, les éclaire. La chambre du haut est plongée dans l'obscurité.

BROCCOLI, jouant.

Asso di cuore.. donna di fiori...

CAMUSOT.

As de cœur et dame de trèfle!.. Parlez donc français! Je n'entends rien à votre baragouin.

BROCCOLI, abattant son jeu.

Vi avez perdou, cer ami.

CAMUSOT.

Encore! morbleu! Je joue de malheur!

BAUDRILLE.

Le fait est que vous avez du guignon.

BROCCOLI.

Ne vi désolez pas, mio caro... La çance tournera... Je vi offre vostre revanche.

CAMUSOT.

Ma revanche, soit! (Battant les cartes. — A part.) J'ai idée qu'il triche aussi! (Haut.) Coupez!

BROCCOLI.

Ecco ! — De confiance ! ze ne regarde pas si vi avez fait oune ponte !

Camusot donne les cartes. — Ils se remettent à jouer.

HÉLÈNE, *sortant de son accablement.*

En vain j'attends... j'espère... Toujours cette solitude qui m'effraie !.. Toujours cette incertitude plus cruelle mille fois que la plus horrible réalité... Pourquoi m'a-t-on conduite ici ?.. Quels sont ces hommes qui me gardent ?.. et qui ont refusé de répondre à mes questions ?.. Et Henri... Henri !.. Qu'est-il devenu ?.. Ah! ma tête s'égare... mes souvenirs se heurtent... il me semble que je fais un rêve affreux... Séparée violemment de celui que j'aime... prisonnière depuis quelques heures dans cette maison inconnue !.. (*Se levant.*) Oh ! je n'y resterai pas longtemps !.. J'appellerai à mon aide !, On entendra mes cris !.

Elle court à la fenêtre qu'elle ouvre.

BROCCOLI.

Aspete oun poco ! on dirait que nostre petite lionne commence à s'aziter dans sa caze !

HÉLÈNE.

La nuit est profonde... la rue déserte... nul ne peut m'entendre... Oh ! j'arracherai, je briserai ces barreaux !.. (*Après avoir fait de vains efforts.*) Ah ! je ne peux pas !.. je ne peux pas !.. (*Repoussant la fenêtre avec désespoir.*) Mon Dieu ! ne me prendrez-vous pas en pitié !.. Mon Dieu ! me laisserez-vous donc mourir ici ?... *Elle se laisse tomber sur un siége et pleure.*

BROCCOLI, *écoutant.*

L'oraze s'est calmé !

BAUDRILLE.

Je n'entends plus rien.

CAMUSOT.

Ah çà ! mais il se fait tard !.. Comment le baron n'a-t-il pas encore paru ?

BAUDRILLE.

C'est assez étonnant !

BROCCOLI.

Diavolo ! ze commence à m'ennouyer ici !.

BAUDRILLE.

Et moi donc !

CAMUSOT.

Si vous croyez que je m'amuse davantage.

BROCCOLI.

Garder ouné zouvencellé qui partaze son temps entre la fouror et les larmes...

CAMUSOT.

Et perdre mon argent !

BROCCOLI.

Zé me demande ce que moussu le baron, nostre estimable
padrone, vout faire dé cetté faroucé colombe.

CAMUSOT.

Parbleu ! Il n'est pas difficile de le deviner !

BAUDRILLE.

La petite est jolie.

BROCCOLI.

Molto bella ! oun œil langouro ! ouna tailla !.. Oh ! corpo
de Dio ! ouna tailla à damner ce bon moussu saint Antoine !.
ma mousou lou baron né mé semblé pas d'humour bien ga-
lanté.

CAMUSOT.

Après tout, ce sont ses affaires !.. On nous paie pour
faire la besogne, le reste ne nous regarde pas...

BAUDRILLE.

C'est juste.

CAMUSOT.

La nuit est fraîche...

BAUDRILLE.

Buvons un coup pour nous réchauffer !

Il remplit les verres.

BROCCOLI.

Bouvons ! Lou vino réçauffe le... (Éternuant.) A... a... at-
chum ! corpo di bacco !.. Voilà qué zé m'enrhoume !

CAMUSOT, prenant son verre.

A votre santé, compères !

BROCCOLI et BAUDRILLE.

A la vôtre !

Ils trinquent. — On voit arriver dans la rue Maugars enveloppé d'un
manteau. Il s'approche de la maison, et frappe à la porte trois coups lé-
gèrement espacés.

CAMUSOT.

On frappe !

BAUDRILLE.

C'est le baron !

BROCCOLI.

Zé réconnais lou signal convenou.

Baudrille fait un mouvement pour aller ouvrir.

CAMUSOT.

C'est égal, Baudrille... pour plus de sûreté demande qui
est là.

BROCCOLI.

Vi avez raison... On ne saurait zamais prendre troppo di
précautions.

BAUDRILLE, *près de la porte.*

Qui frappe? qui est là?

MAUGARS, *en dehors.*

Eh! mordieu! c'est moi!... Ouvrirez-vous!

*Baudrille ouvre. — Maugars entre et pose son manteau sur une chaise. Au
même instant, Tabarin paraît dans la rue.*

TABARIN, *à part.*

Que vient-il faire dans cette bicoque?..

SCÈNE II

Les Mêmes, MAUGARS, TABARIN, *dans la rue.*

MAUGARS.

Ah çà! est-ce que vous êtes sourds?... Me laisser mor-
fondre à la porte!

BROCCOLI, *qui s'est levé ainsi que Camusot pour saluer Maugars.*

Pardon, mousou le baron... ma...

MAUGARS, *l'interrompant.*

Allons, en voilà assez... quoi de nouveau céans?..

CAMUSOT.

Mais... rien, monsieur le baron.

BROCCOLI.

Des plaintes, des emportements...

CAMUSOT.

Suivis de larmes.

BROCCOLI.

La plouie après la tempête!

TABARIN, *à part.*

Ça doit être là qu'il a enfermé la colombe!

CAMUSOT.

Nous attendions monsieur le baron avec une vive impatience!

BROCCOLI.

Nous commencions à désespérer de voir vostre Esscllence
cetté nouit!

MAUGARS

En effet, j'ai un peu tardé. — Une affaire importante m'a
retenu auprès du cardinal.

CAMUSOT, *vivement.*

Tramerait-on quelque nouvelle intrigue contre Son Eminence?

BROCCOLI.

Va-t-il falloir nous remettre en casse?

MAUGARS.

Trève de questions, mes drôles! (Changeant de ton.) Où est la jeune fille?..

CAMUSOT.

Là-haut!... dans la chambre où monsieur le baron nous avait donné l'ordre de la conduire.

TABARIN, à part, écoutant à la porte.

Impossible de distinguer leurs paroles!

MAUGARS.

Y a-t-il de la lumière chez elle?

CAMUSOT.

Nous n'avons pas cru devoir lui en donner... Elle n'aurait eu qu'à s'aviser de mettre le feu!

MAUGARS, haussant les épaules.

Le feu!

CAMUSOT.

Je l'en crois capable... Elle a une tête!...

BROCCOLI.

Oun voulcan! oun petit Vésuvio!

MAUGARS, avec impatience.

Allumez un flambeau... je vais monter lui parler.

BAUDRILLE, qui s'est empressé d'allumer une bougie.

Voilà, monsieur le baron.

MAUGARS.

Et vous autres, veillez bien.

TABARIN, à part.

Comment éclaircir mes soupçons?.

Maugars, éclairé par Baudrille, monte l'escalier. Le bruit de ses pas fait tressaillir Hélène.

HÉLÈNE, se levant.

On monte l'escalier... on vient ici... Le ciel m'enverrait-il un sauveur?... Viendrait-on m'annoncer ma délivrance?.. (La porte s'ouvre. — Maugars paraît.) Ah!...

Elle recule avec effroi.

MAUGARS.

Ne craignez rien!

TABARIN, à part.

Ah!.. de la lumière dans la chambre du haut... Entrer par la fenêtre, impossible! elle est grillée... mais peut-être y a-t-il une lucarne... et en m'accrochant au mur... Allons! du courage!

Il disparaît.

HÉLÈNE, pouvant à peine parler.

Vous!... vous ici!... près de moi! Ah! Je comprends tout,

maintenant ! (A Maugars qui fait quelques pas vers elle.) N'approchez
pas ! n'approchez pas !

MAUGARS.

Calmez-vous ! Je vous répète que vous n'avez rien à redouter !...

HÉLÈNE.

Rien à redouter !... Quand c'est par votre ordre qu'on me
retient prisonnière !... quand c'est par votre ordre qu'on s'est
emparé de moi... lâchement... par un guet-apens, par la
violence !..

MAUGARS.

Cette violence, cet enlèvement, c'est vous qui les avez
rendus nécessaires, en refusant de m'écouter... J'ai employé
le seul moyen que j'eusse de vous y contraindre.

HÉLÈNE.

Je n'ai rien à entendre... rien à vous dire.. si ce n'est que
je veux être libre.

MAUGARS.

Cela dépend entièrement de vous,

HÉLÈNE.

De moi ?

MAUGARS.

Il vous suffira pour cela d'accepter mes conditions.

HÉLÈNE, fièrement.

Des conditions ! Je n'en ai pas à recevoir... je n'en accepte
pas !

MAUGARS.

Ecoutez-les d'abord... peut-être vous paraîtront-elles moins
cruelles, moins inacceptables que vous le supposez.

HÉLÈNE, avec une impatience fiévreuse.

Eh bien, soit !.. parlez... parlez vite !

MAUGARS.

Depuis le jour où le hasard m'a fait vous rencontrer pour
la première fois, Hélène... mon désir est de vous prendre
pour femme !...

HÉLÈNE.

Votre femme !.. moi !, moi !..

MAUGARS.

Songez-y ; vous êtes pauvre, votre condition est obscure.
Le mariage que je vous propose vous donnerait un titre, un
rang, la fortune..

HÉLÈNE.

Eh ! que m'importe tout cela !.. Mon cœur ne m'appartient
plus... je l'ai donné tout entier à un autre.

MAUGARS.

Cet autre vous l'oublierez.

HÉLÈNE.

Jamais!

BRUCCOLI, qui écoute, à ses compagnons.

Diavolo!. Il paraît que ça s'échauffe!.

MAUGARS.

Et si, cependant, cette union était le seul moyen de recouvrer votre liberté !.. Ne l'oubliez pas, vous êtes en ma puissance!

HÉLÈNE.

Oh! n'espérez pas me retenir ici!.. Le jour viendra... J'appellerai à mon aide... on entendra mes cris...

MAUGARS.

Je saurai bien les étouffer... Je ferai, s'il le faut, murer cette fenêtre!

HÉLÈNE, se tordant les mains.

Mon Dieu! mon Dieu! Je suis perdue!.. (Se jetant aux pieds de Maugars.) Monsieur, ayez pitié de moi!... Oubliez les dures paroles que je vous ai dites... il faut les pardonner à mon désespoir!.. S'il est vrai que vous m'aimiez, vous ne pouvez vouloir ma mort... et je mourrai ici de chagrin, de douleur!.. ne soyez pas insensible!.. Pourquoi exiger un sacrifice au-dessus de mes forces?.. Ce mariage!.. mais vous voyez bien qu'il est impossible, puisque j'ai donné mon amour.... Vous-même, vous ne voudriez pas d'une pauvre fille dont le cœur appartient à un autre... Monsieur... monsieur... Ah! je vous en conjure!.. Soyez bon! soyez généreux!.. et toute ma vie se passera à vous bénir... De grâce, ne résistez pas à mes prières, à mes larmes... renoncez à moi... laissez-moi partir!

MAUGARS.

Non!. Votre inflexibilité commande la mienne!.. Vous êtes sourde à mon amour, je serai sourd à vos supplications!.. Écoutez-moi donc, Hélène, et pesez bien mes paroles... car ma volonté est irrévocable. Dans une heure, j'aurai tout préparé pour la célébration immédiate de notre mariage... Alors, ou vous consentirez à devenir baronne de Maugars, ou vous renoncerez pour toujours à la liberté !

Il fait un mouvement pour se retirer.

HÉLÈNE, suppliante.

Monsieur !... Oh! ne vous éloignez pas encore!.. Au nom du ciel... écoutez-moi!.

MAUGARS.

Réfléchissez!.. dans une heure!

Il reprend le flambeau, sort et referme la porte.

HÉLÈNE, éperdue, courant à la porte.

Monsieur! monsieur!.. par pitié!.. (A elle-même.) Il s'éloigne... il refuse de m'entendre... Ah! malheureuse! malheureuse! plus d'espoir!

Elle retombe accablée sur un siége près de la fenêtre. Maugars reparaît en bas
avec Baudrille.

MAUGARS, à part.

Mes menaces l'ont effrayée, elle cédera!

Il reprend son manteau.

CAMUSOT.

Vous partez, monsieur le baron?

MAUGARS.

Oui, avant une heure je serai de retour. D'ici-là, faites
bonne garde!

CAMUSOT.

Monsieur le baron peut compter sur notre vigilance.

BAUDRILLE, saluant.

Il peut s'en rapporter à notre zèle.

BROCCOLI, saluant jusqu'à terre.

Tutt' al servizzio di vostre signorie.

MAUGARS.

Allons, faites-moi place, drôles!

BROCCOLI, tendant la main.

Per la bona mano, monsignor.

Maugars jette sa bourse et sort. — Broccoli saisit au passage sa bourse
et la met vivement dans sa poche, en feignant de la chercher à terre.

SCÈNE III

LES MÊMES, moins MAUGARS.

CAMUSOT.

La bourse?.. la bourse?

BROCCOLI.

La borsa?.. Eh!.. ze l'ai dans ma pochetta... (Il se fouille et
s'aperçoit qu'on la lui a prise. — A Baudrille.) Birbante!.. rends la borsa,
ou ze te pourfends.

Baudrille va pour la rendre, mais déjà Camusot l'a prise.

BAUDRILLE, la lui reprenant.

Ah! c'est toi!...

BROCCOLI.

Partazons en frères!... Dous écous à Camousot... dous
écous à Baudrille... (A part.) Et tré per me!...

Il met l'argent dans sa poche.

CAMUSOT.

Encore de faction!

BROCCOLI, *s'asseyant.*

Comme c'est amousant!.. moi qui avais oun rendez-vous galant avec la bella Radégonde!..

CAMUSOT.

Qu'est-ce que nous allons faire pour tuer le temps?

BAUDRILLE.

Buvons!..

BROCCOLI.

Il ne reste piou di vin dans la botilla! — Jouons!

CAMUSOT.

Jouer?.. ce n'est pas la peine... Nous sommes d'égale force...

BROCCOLI.

E vero, verissimo... comme dit uno vecchio proverbio : contra doué ladrone, il diavolo perdrait ses cournes!..

Pendant ces derniers mots, Baudrille s'est endormi sur un banc à gauche. — On entend un ronflement.

CAMUSOT.

Hein?.. Qu'y a-t-il?

BROCCOLI, *de même.*

Quésaco?

CAMUSOT.

Eh! c'est cet animal de Baudrille!

BROCCOLI.

Ah! birbante!.. Quelle trompette!

CAMUSOT, *poussant Baudrille.*

Eh! camarade! camarade!

BAUDRILLE, *s'éveillant en sursaut et roulant à terre.*

Quoi? Qu'est-ce que c'est?... Le feu!

BROCCOLI.

On ne ronfle pas en société, mon bon... c'est inconvenant.

BAUDRILLE.

Comment, c'est pour ça que vous me réveillez? je vais me coucher sur le ventre, je ronfle moins fort.

Il se recouche sur le banc.

BROCCOLI.

Et piano... pianissimo... con silenzio... si c'est possible! (*S'asseyant près de la table, ainsi que Camusot.*) Ze vais aussi appeler Morphée à mon aide.

BAUDRILLE.

Morphée? Qu'est-ce que c'est que ça?

BROCCOLI.

C'est lou Dieu dou sommeil, cer ami.

Ils s'endorment tous les trois. — Moment de silence, puis on entend un triple ronflement prolongé.

HÉLÈNE.

Que vais-je devenir? Dieu m'a-t-il donc abandonnée?.
n'enverra-t-il personne à mon secours?.. (On entend un grand
bruit dans la cheminée. Elle se lève effrayée.) Ciel!. qu'est-ce donc?

SCÈNE IV

LES MÊMES, TABARIN.

TABARIN, roulant dans la chambre.

N'ayez pas peur... c'est moi!

HÉLÈNE, le reconnaissant et avec la plus grande surprise.

Tabarin!.

TABARIN, sur son séant.

Eh! oui... Tabarin qui vient vous sauver.

HÉLÈNE.

Vous? mais comment!.. par quel miracle...

TABARIN, se relevant.

Je suis parvenu à vous découvrir?.. Ah! dame, ce n'était
pas facile... J'ai essayé d'abord de rattraper les scélérats
qui vous emmenaient... mais bast!. impossible!.. alors, une
idée me vint; je me dis que pour retrouver la piste, le meilleur moyen était de mettre la main sur Maugars... Je cou-
rus au Louvre, et là j'appris qu'il était en conférence avec le
cardinal... J'attendis une heure, deux heures, trois heures...
enfin, j'aperçus mon gredin qui sortait... Je le suivis en me
glissant le long des murailles... Arrivé rue Clovis, il entra
dans cette maison. Je me dis : « Ce doit être là qu'il a conduit
sa prisonnière. » Le baron parti, je grimpai sur les toits, je
me laissai glisser par la cheminée... et me voilà, tout prêt à
vous servir et à vous arracher à votre geolier!

CAMUSOT, qui vient de se réveiller, prêtant l'oreille.

Ah çà,! mais... j'entends parler là-haut.

Il réveille ses compagnons.

HÉLÈNE, serrant les mains de Tabarin.

Mon ami! mon cher Tabarin!.. que de bonté! de dévouement!

TABARIN.

C'est bien, c'est bien, mam'zelle... nous causerons de ça
plus tard... Songeons au plus pressé... c'est-à-dire à sortir
d'ici.

HÉLÈNE.

Mais lui... lui... Henri?

TABARIN.

Il vous attend!.. Il vous appelle... partons...

HÉLÈNE.

Partir !... mais comment ?.. Il y a trois hommes dans la salle du bas.

BROCCOLI, qui a écouté.

Per Bacco !.. on dirait qu'il y a quelqu'un avec la petite.

TABARIN, à Hélène.

Nous descendrons par la fenêtre.

HÉLÈNE.

Et les barreaux ?

TABARIN.

Je vais en desceller un à l'aide de mon couteau... c'est l'affaire d'un instant... en nouant les rideaux, je vous descendrai dans la rue... je sauterai ensuite... et en route !..

Il se met à la besogne.

CAMUSOT, à ses compagnons.

Attendez-moi... Je vais m'assurer...

Il prend sa rapière posée sur la table et monte l'escalier.

HÉLÈNE, avec effroi.

Ciel ! J'entends monter... on vient... on va vous découvrir !.. Tout est perdu !..

TABARIN.

Perdu ! allons donc !.. Les estafiers de Maugars trouveront à qui parler.

HÉLÈNE.

On ouvre...

La porte s'ouvre et Camusot armé de sa rapière paraît sur le seuil.

HÉLÈNE, à Tabarin.

Il est armé !

TABARIN.

Et moi aussi, je le suis, sarpejeu ! mon épée n'est que de bois, mais j'en joue proprement. (Tirant son épée de bois et se mettant en garde.) Donnez-vous donc la peine d'entrer, cher monsieur !

CAMUSOT.

Drôle ! que fais-tu ici ?

TABARIN.

Oh ! pas de gros mots, je vous en prie... soyons gentilshommes... Expliquons-nous sans esclandre !.. Vous désirez garder mademoiselle... moi je prétends l'emmener... Eh bien, à nous deux !.. nous allons nous la disputer en chevaliers français.

CAMUSOT, à part.

Diantre ! il paraît résolu !

TABARIN.

Allons ! en garde !

Il espadonne avec sa batte contre l'épée de Camusot qui se met à rompre avec une émotion visible

BAUDRILLE, à Broccoli.

Eh ! mais… entendez-vous?

BROCCOLI.

Eh ! corpo di dio!.. on se houspille là-haut !

BAUDRILLE, prenant sa rapière.

J'y cours !.

> Il grimpe l'escalier. Pendant ce temps, Tabarin a forcé Camusot de rompre de plus en plus, et l'a acculé à la porte du cabinet de gauche. Il fait sauter sa rapière; Camusot effrayé et croyant avoir sur la poitrine la pointe d'une véritable épée, se jette dans le cabinet, Tabarin tire vivement la porte à lui et enferme Camusot.

TABARIN, gaiement.

Et d'un !

BAUDRILLE, paraissant sur le seuil de la porte.

Que vois-je !.. une épée !..

TABARIN.

A votre service, camarade !.

BAUDRILLE.

Ah! tu n'as qu'à bien te tenir !

TABARIN.

Je ferai de mon mieux !.. je ferai de mon mieux !.. (Espadonnant.) Mais où allez-vous donc?.. Vous n'êtes pas fort du tout !.. Vous rompez, mon bon ami… Vous rompez !.

> Il a poussé son adversaire vers le cabinet de droite, et fait sauter son épée comme celle de Camusot.

BAUDRILLE, effrayé.

Ah !

> Il se précipite dans le cabinet de droite où Tabarin l'enferme vivement.

TABARIN.

Et de deux !… Victoire !.. Il n'y en a plus qu'un en bas… Venez !

HÉLÈNE.

Oh ! mon ami !.. mon sauveur !

TABARIN.

Vite! vite!.. descendons!

> Il descend l'escalier. — Hélène le suit.

BROCCOLI, se mettant en devoir de lui disputer le passage, et tirant sa rapière.

San diavolo!.. corpo di Bacco!.. ze vais pourfendre l'audacio!. Inferno et fouroré! (Voyant paraître Tabarin, et avec effroi.) Tabarino!

> Il laisse tomber son épée.

TABARIN, poussant un cri de surprise.

Broccoli!.. mon ancien patron! ah! brigand! Je vais donc pouvoir enfin me venger sur tes épaules!.

> Tabarin lui tombe sur le dos avec son épée de bois et le roue de coups.

BROCCOLI, criant.

Basta ! basta !.. à moi !.. au secours !.

TABARIN, frappant à tour de bras.

Tiens ! tiens ! tiens !. Voilà pour les coups que tu m'as donnés autrefois, sacripant !

BROCCOLI, hurlant.

Ah ! ze souis moulou !. Ze souis mort !.

Il se blottit sous la table.

TABARIN.

Partons, mam'zelle ! (Faisant passer Hélène devant lui.) Bonsoir, signor Broccoli ! mes hommages au baron de Maugars !...

Il s'éloigne avec Hélène. — Broccoli se frotte les épaules. — On entend frapper en haut à coups redoublés aux portes des deux cabinets.

ACTE TROISIÈME

LE BATELEUR ET LE GENTILHOMME

L'intérieur de la baraque de Tabarin, fermée au fond par une draperie. — A gauche
une table sur laquelle sont des fioles, et près de cette table, un escabeau.

SCÈNE PREMIÈRE

MONDOR, HENRI DE MARSAN.

Henri, étendu sur une espèce de lit de repos, est endormi. Mondor debout, à côté
de lui, le regarde. Le jour commence à poindre.

MONDOR.

Il dort !... (Soupirant.) Il est bienheureux ! (Il va s'asseoir à gauche.)
Ah ! que de tracas !... obligé de soigner ce gentilhomme...
de me faire garde-malade !... je n'ai pas fermé l'œil de la
nuit... moi qui ai l'habitude de dormir mes douze heures
d'horloge... de faire le tour du cadran !... C'est ce damné
Tabarin qui est cause de ça... qu'avait-il besoin de se fourrer
dans cette algarade ? où est-il allé, je vous le demande ?...
Depuis hier soir, il n'a pas reparu... Ah ! s'il ne m'était pas
indispensable... si ses calembredaines ne me faisaient pas
empocher de grosses recettes, comme je vous le flanquerais
à la...

HENRI, dans un sommeil agité.

Hélène !... Hélène !... où es-tu ?...

MONDOR, à part.

Bon ! voilà notre jeune homme qui rêve à présent !...

HENRI, rêvant.

Hélène, attends-moi. . je... (S'éveillant.) Ah !

MONDOR, à part.

Il s'éveille... il ouvre les yeux.

HENRI, se soulevant et regardant autour de lui d'un air égaré.

Où suis-je donc ?... où m'a-t-on conduit ?

MONDOR, s'approchant.

Chez moi... chez le célèbre docteur Mondor.

HENRI, qui ne semble pas comprendre.

Mondor !

MONDOR, à part.

Il ne se rappelle donc rien ?

HENRI.

Et elle?..qu'est-elle devenue?.. pourquoi n'est-elle pas ici?

MONDOR.

Qui ça, elle?... mademoiselle Marion

HENRI.

Hélène!... ma bien-aimée!

MONDOR, à part.

Il bat la breloque!...

HENRI, poussant un cri.

Ah!... je me souviens!... je me souviens maintenant!

MONDOR, à part.

C'est heureux!...

HENRI, comme en délire.

Des inconnus se jettent sur elle... ils cherchent à l'entraî-
ner... moi... moi... je veux la défendre... on me renverse...
on me terrasse... on l'enlève, malgré ses cris... (Avec force.)
Ah! je le retrouverai!... me voilà, Hélène, me voilà!...

Il fait un mouvement pour se lever.

MONDOR, le retenant.

Que faites-vous?.. ne bougez pas! (Lui tendant une tasse qu'il
prend sur une table placée près du lit de repos.) Tenez, buvez!... cette
potion vous calmera...

HENRI, la repoussant.

Laissez-moi!.. laissez-moi!...je veux courir à sa recherche..
l'arracher à ceux qui me l'ont ravie...

MONDOR.

Mais c'est de la démence!.... sortir avec la fièvre... dans
votre état de faiblesse...

HENRI.

Je vais mieux... je me sens plus fort.

MONDOR, à lui-même.

C'est l'effet de mon baume...

HENRI, se levant, il est en haut-de-chausses et en chemise.

Vite, vite, donnez-moi, mon pourpoint, mon manteau...
aidez-moi à m'habiller.

MONDOR, à part.

Me voilà valet de chambre, à présent! (Allant chercher les vêtements qu'il aide Henri à passer.) Mais réfléchissez donc... où irez-
vous?

HENRI.

Je n'en sais rien... je chercherai,... je fouillerai Paris...
mon cœur me guidera.

MONDOR, à part.

Ces amoureux sont fous! (Haut.) D'ailleurs qui vous oblige
à courir après votre belle, puisque Tabarin...

HENRI.

Tabarin?...

MONDOR.

Mais certainement... (A part.) Il a complétement perdu la mémoire. Ce n'est pourtant pas mon élixir qui a pu... ce n'est que de l'eau. (Haut.) Certainement, cet animal de Tabarin s'est mis à sa recherche, il a promis de la ramener, le drôle... et s'il n'est pas revenu, c'est qu'il ne l'a pas retrouvée!

HENRI.

Ne comprenez-vous pas que je me meurs d'inquiétude.... que ces angoisses me tuent!.. (Avec impatience.) Mon épée?.. mon chapeau?

MONDOR, s'empressant.

Les voilà!.. (A part.) Au fait, je ne suis pas fâché d'être débarrassé de lui.

HENRI, attachant son épée.

Oui, je n'ai que trop attendu... je me reproche mon inaction comme un crime!.. Puis-je rester ici quand celle que j'aime se désespère, quand elle m'appelle à son secours?... Non! non!... et je veux à l'instant...

TABARIN, en dehors.

Venez!.. hâtons-nous!..

HENRI.

Ciel!... cette voix...

MONDOR.

C'est Tabarin!... enfin!

SCÈNE II
Les Mêmes, TABARIN, HÉLÈNE.

TABARIN, joyeusement.

Victoire! nous voici!

HENRI, poussant un cri.

Hélène!

HÉLÈNE, courant se jeter dans ses bras.

Henri!

HENRI, la pressant sur son cœur.

Chère Hélène!.. c'est vous!.. je vous revois! ah! que je suis heureux!

HÉLÈNE.

Oui, je suis sauvée, je suis libre... grâce au dévouement, au courage de notre ami Tabarin.

HENRI, pressant les mains de Tabarin.

Mon brave Tabarin!.. comment assez te remercier... comment jamais reconnaître?...

TABARIN.

Ne parlons pas de ça !.. Dieu merci, la voilà hors des griffes de ce damné baron.

HENRI.

Le misérable !.. Oh ! je le tuerai !

HÉLÈNE.

Une provocation !... un duel !... à quoi bon vous venger puisque je vous suis rendue... puisque nous voilà réunis ?.. croyez-moi, mon ami.. laissez-là cet homme !..

TABARIN.

Ma voisine a raison... ne songeons pas à lui... pour le moment, du moins... (Gaiement, en regardant Henri.) Eh bien ! mon officier, je vois que ça va mieux ? vous voilà sur pied !

HENRI.

Oui, la joie, le bonheur m'ont rendu mes forces..

MONDOR, à part.

C'est-à-dire que c'est mon baume..

TABARIN à Mondor.

Ah ! ça, et mamzelle Marion ?..

MONDOR.

Elle est partie, il y a deux heures, après avoir veillé toute la nuit avec moi au chevet du blessé.

HÉLÈNE.

Excellente femme !

TABARIN.

Oui, c'est un cœur d'or !...

MONDOR.

Elle était forcée de rentrer ; mais elle doit venir ce matin savoir des nouvelles de monsieur le chevalier. Quant à moi, je suis éreinté, et je vais....

TABARIN.

Vous allez prendre vos jambes à votre cou.

MONDOR.

Hein ?..

TABARIN.

Et courir jusque chez elle.

MONDOR, ébani.

Comment !.. chez qui ? où ça ?..

TABARIN.

Chez Marion Delorme.

MONDOR, se récriant.

Moi ?..

TABARIN.

Place-Royale...

MONDOR.

Merci !

TABARIN.

Vous la prierez, de ma part, de vouloir bien venir au plus vite...

MONDOR.

Mais puisqu'elle a promis...

TABARIN.

Elle pourrait oublier — Allons, partez, dépêchez-vous !

MONDOR, regimbant.

Mais c'est un ordre, cela !

TABARIN.

C'est une prière... mais obéissez !

MONDOR.

Je suis ton maître.

TABARIN.

Vous êtes mon maître, c'est convenu... mais filez !..

MONDOR, avec résolution.

Eh bien ! non, ventre de biche ! je suis brisé, moulu, et..

TABARIN.

Plaît-il ?

MONDOR.

Je me révolte, à la fin ! je m'insurge !

TABARIN.

Hein !.. qu'est-ce que c'est ?

MONDOR, criant.

Je n'irai pas !

TABARIN.

Vous irez !

MONDOR, plus fort.

Je n'ir... (Tabarin lui lance un coup de pied.) J'y vais... ne te fâche pas... j'y vais... Mon Dieu, il suffit de me prendre par les sentiments...

TABARIN, avec impatience.

Partirez-vous !

MONDOR.

Voilà !.. voilà !.. (A part.) Ah ! le pendard !... comme il abuse !.. m'en fait-il avaler, des couleuvres !...

TABARIN, le regardant.

Eh bien ?

MONDOR.

J'y cours, mon petit Tabarin, j'y cours !..

Il sort vivement par le fond.

SCÈNE III

TABARIN, HENRI, HÉLÈNE.

HÉLÈNE, souriant.

Ce pauvre monsieur Mondor ! comme vous le rudoyez !

TABARIN.

Bah ! il est dressé à ça... D'ailleurs, puisque je fais sa fortune, il est bien juste qu'il fasse mes commissions.

HENRI.

Mais quelle urgence y a-t-il à déranger mademoiselle Delorme ?.. ne pouvais-tu attendre son arrivée ?..

TABARIN.

Attendre ?.. non, sarpejeu !.. Pensez-vous donc que le Maugars va rester les bras croisés ?.. qu'il va comme cela renoncer à ses projets ?

HENRI.

Tu crois qu'il oserait ?...

TABARIN.

Je n'en sais rien... mais le plus sage est de nous mettre sur nos gardes... mamzelle Hélène ne peut sans danger, ni rentrer chez elle, ni demeurer ici... Il faut, dès ce matin, lui trouver un asile sûr, une protection qui la mette à l'abri de nouvelles tentatives.

HENRI.

C'est vrai.

TABARIN.

Or, Marion Delorme jouit d'un grand crédit auprès du cardinal... Elle m'est toute dévouée, et ne me refusera pas de se charger de mam'zelle Hélène.

HÉLÈNE.

Que vous êtes bon ! vous songez à tout.

On entend sonner l'heure à une horloge voisine..

HENRI.

Huit heures !.. déjà !... Et mon service me rappelle au Louvre.

HÉLÈNE.

Eh bien, allez... disons-nous adieu !

HENRI.

Me séparer de vous, dans un pareil moment ?

TABARIN.

Ne craignez rien, je ne la quitte pas, je vous réponds d'elle.

HÉLÈNE.

Partez, monsieur Henri... il ne faut pas vous faire punir...

4.

TABARIN.

Vous faire mettre aux arrêts.

HÉLÈNE.

Ce ne serait pas le moyen de me revoir.

HENRI.

Eh bien, oui, je pars, puisque mon devoir l'exige.. Mais sitôt libre, j'accours près de vous.

HÉLÈNE.

Oui... oui... je vous attends.

HENRI.

Au revoir, mon Hélène adorée... Et toi, mon cher Tabarin, merci encore...   Il lui serre la main.

TABARIN.

Mais allez, allez donc.... monsieur le chevalier... Vous serez en retard.

HENRI, pressant sur ses lèvres les mains d'Hélène.

Hélène!. je vous aime! (Mouvement d'impatience de Tabarin.) Allons, c'est fini, je m'en vais, à bientôt!   Il sort.

SCÈNE IV
TABARIN, HÉLÈNE.

TABARIN.

Digne jeune homme! (A Hélène.) Ah! ma voisine, la plus sûre protection, ce serait celle d'un mari.

HÉLÈNE, avec émotion.

D'un mari!..

TABARIN.

A condition, bien entendu, que ce mari s'appellerait le chevalier de Marsan.

HÉLÈNE, tristement.

Hélas!.. vous le savez bien, ce mariage est impossible.

TABARIN.

Impossible!.. impossible!.. Et pourquoi donc ça?.. Le chevalier vous aime, et son plus grand désir, il me le disait hier, serait de vous nommer sa femme.

HÉLÈNE.

Oui, je le crois, je ne doute pas de lui, de son cœur... mais il a une famille... une famille qui regarderait notre union comme une mésalliance, et refuserait d'y consentir.

TABARIN.

Bah! est-ce que, quand on le veut bien, quand on s'aime comme vous vous aimez, il n'y a pas un moyen de tourner l'obstacle?

HÉLÈNE.

Et comment?

TABARIN.

Par exemple, qu'est-ce qui vous empêcherait, sans bruit, sans scandale, sans éveiller la colère des grands parents, de vous unir... par un mariage secret?

HÉLÈNE, tressaillant.

Un mariage secret!.. Oh! non! jamais! jamais!

TABARIN.

Ah! mon Dieu! comme vous semblez émue... mais tous les jours on se marie comme ça... (La regardant.) Comment, vous pleurez! (Très-ému.) Qu'avez-vous? Pourquoi ces larmes?

HÉLÈNE.

Ah! c'est que, sans le vouloir, vous venez de réveiller un souvenir douloureux!

TABARIN.

Un souvenir... et lequel?

HÉLÈNE.

Celui des chagrins qui ont causé la mort de ma pauvre mère.

TABARIN.

De... de votre mère?

HÉLÈNE.

Elle aussi, aimait un gentilhomme, un brave officier... ils s'adoraient, comme nous nous adorons, Henri et moi... mais, dans la crainte d'irriter un parent qui l'avait élevé, un oncle dont sa fortune, son avenir dépendaient, ce gentilhomme parla d'un mariage clandestin... ma mère n'eut pas le courage de le désespérer par un refus... elle épousa secrètement le comte de Sivry....

TABARIN, dans le plus grand trouble.

Le comte de Sivry!.. votre père se nommait?..

HÉLÈNE.

Philippe de Sivry. — Mais pourquoi cette surprise?.. cette émotion? auriez-vous connu mon père?

TABARIN.

Lui! si je l'ai connu? mais c'est dans mes bras qu'il est mort!

HÉLÈNE.

Dans vos bras?

TABARIN.

J'ai recueilli son dernier soupir... ses dernières volontés.

HÉLÈNE.

Vous! est-il possible?

TABARIN.

Et vous êtes sa fille!... vous êtes cette orpheline que j'ai tant cherchée!.

HÉLÈNE, très-surprise.

Vous m'avez cherchée?.. moi?..

TABARIN.

Il y a huit ans... dès mon arrivée à Paris... et ce n'est qu'après mille efforts inutiles, mille démarches infructueuses, que j'ai fini par renoncer à l'espoir de vous retrouver, vous et votre mère!

HÉLÈNE.

Ma mère! hélas! la nouvelle de la mort du comte de Sivry l'avait frappée au cœur d'un coup terrible qui devait, peu de mois après, la conduire au tombeau. Avant de mourir, elle voulait du moins assurer mon avenir, me mettre en possession de ce nom, de ce titre qu'elle n'avait jamais portés; elle chercha les actes qui constataient son mariage et la légitimité de ma naissance; elle ne les trouva pas — Alors, quoique bien faible, bien souffrante, elle se rendit dans le village dont le chapelain avait secrètement béni son union. Jugez de son désespoir! la feuille, où cette union avait été inscrite par le prêtre, avait disparu... une main inconnue était venue l'arracher du registre de la paroisse.

TABARIN.

Oui, mais cette main, je la connais, moi!

HÉLÈNE.

Vous?

TABARIN.

C'était celle du misérable intéressé à détruire les preuves d'un mariage qui le ruinait... C'était celle de l'homme qui, j'en jurerais, a tué votre père!

HÉLÈNE.

Grand Dieu! que dites-vous?.. vous soupçonneriez?...

TABARIN.

Continuez, mam'zelle, continuez!

HÉLÈNE.

Cette nouvelle douleur acheva de briser les forces de ma mère, et bientôt je la vis s'éteindre... ses suprêmes paroles furent une prière, son dernier souffle une bénédiction pour moi... Elle m'attira doucement dans ses bras... Je sentis sur mon front une larme et un baiser.. Puis son âme s'envola vers Dieu... et je restai seule au monde.

TABARIN, attendri.

Pauvre enfant! et que devîntes-vous alors?.

HÉLÈNE.

Une voisine charitable, touchée de mon abandon, de mon infortune, me recueillit, me fit instruire — chez elle, j'appris à coudre, à broder. Mais un nouveau malheur m'était réservé... Au bout de quelques années, ma bienfaitrice mourut. J'avais alors seize ans. J'étais en âge de travailler, de gagner ma vie — Je louai place Dauphine, la petite chambre que j'occupe en face de cette maison... C'est à ce voisinage que j'ai dû votre amitié, (Lui tendant la main.) et que je dois aujourd'hui ma délivrance !

TABARIN, avec une colère comique.

Et dire que vous étiez là ! tout près de moi ! que je vous rencontrais, que je vous parlais chaque jour... et que je ne devinais pas... Ah ! imbécile ! maladroit ! triple brute !

HÉLÈNE.

Eh ! comment auriez-vous pu deviner qui je suis?... De même que ma mère l'avait fait autrefois, je cachais mon nom — L'obscure ouvrière devait-elle se dire la fille du comte de Sivry, se vanter d'une origine dont elle ne pouvait fournir la preuve ?

TABARIN.

Oui... oui... je comprends !... mais c'est fini !.. plus de tourments !. plus d'obstacles à votre bonheur !

HÉLÈNE.

Comment !... que dites-vous ?

TABARIN.

Je dis que vous pourrez épouser le chevalier, et que sa famille sera fière de vous... Car vous allez avoir un nom... une fortune...

HÉLÈNE.

Une fortune!... un nom !.. moi?..

TABARIN.

Eh ! oui, pardieu !.. grâce aux papiers que monsieur de Sivry, votre père, m'a confiés avant de mourir.

HÉLÈNE.

Des papiers !

TABARIN.

L'acte de son mariage, celui de votre naissance, c'est-à-dire la preuve de vos droits à l'héritage de feu votre grand-oncle... Ces bienheureux parchemins, je les ai conservés comme la prunelle de mes yeux, je ne les aurais pas donnés pour un trésor... Ils sont là, dans ma chambre, enfermés au fond d'une cassette... Ce dépôt sacré, je vais vous le chercher, je vais vous le remettre. (Avec une explosion de joie.) Ah ! sarpejeu ! c'est pour le coup que ce gueux de Mangars va enrager.. ah ! ah ! ah ! jamais je n'ai été si content !.. Faire le bonheur d'une honnête fille et confondre un scélérat, c'est double plaisir !.. Attendez-moi, mam'zelle Hélène, attendez-moi !..

Il va pour sortir. — Mais tout à coup la draperie du fond se lève et Mangars paraît accompagné de Camusot, d'un greffier et de sergents.

SCÈNE V

LES MÊMES, MAUGARS, CAMUSOT, UN GREFFIER,
SERGENTS.

MAUGARS.

Au nom du roi, restez !

HÉLÈNE.

Ciel !

TABARIN, cloué sur place.

Le baron !

MAUGARS.

Ordre du cardinal d'arrêter le nommé Tabarin.

TABARIN.

Moi !..

MAUGARS.

Accusé d'avoir écrit et débité des parades licencieuses
et tenu des propos séditieux contre Sa Majesté Louis XIII
et contre Son Eminence le premier Ministre.

TABARIN, avec force.

C'est faux !.. c'est archi-faux !.. je le prouverai...

MAUGARS, impassible, continuant.

Ordre de conduire le dit Tabarin au For-l'Evêque...

TABARIN.

Au For-l'Evêque !

HÉLÈNE.

En prison !.. Grand Dieu !

MAUGARS.

D'apposer les scellés sur tous les papiers qu'on trouvera
chez lui.

CAMUSOT, vivement.

Et je m'en charge !   Il entre à droite.

TABARIN, à part.

Ah ! scélérat ! je comprends !

HÉLÈNE, éplorée.

Séparée de vous... mon seul appui... mon seul protec-
teur !

MONDOR, en dehors.

Par ici, mademoiselle, par ici !

TABARIN, à part.

Marion !.. ah ! je respire !

SCÈNE VI

LES MÊMES, MARION, MONDOR.

MAUGARS, avec étonnement.

Marion Delorme !

CAMUSOT, à part.

Mon ex-prétendue !

MONDOR.

Que vois-je !.. des gens de justice !..

MARION.

De quoi s'agit-il donc ?.. Qu'y a-t-il ?

TABARIN.

Il y a qu'on m'arrête !

MONDOR, à part, désolé.

Allons, bien ! voilà le bouquet !

MARION.

T'arrêter ! toi, mon pauvre Tabarin !.. et c'est vous.. monsieur le baron ?.

MAUGARS, montrant l'ordre d'arrestation.

J'obéis aux ordres du cardinal.

MARION.

Le cardinal.. oh ! je le verrai !.. cet ordre a été surpris sans doute, je parlerai pour toi, j'obtiendrai ta grâce...

TABARIN.

Oh ! ne vous inquiétez pas de moi, mam'zelle... Tout ce que je vous demande, c'est de vous charger, pendant quelques jours, de cette jeune fille, de lui accorder chez vous un asile et votre protection.

MARION.

Oh ! de tout mon cœur !.. je te promets de veiller sur elle comme une amie, comme une sœur..

HÉLÈNE.

Ah ! merci, madame !.. vous êtes bonne !

MAUGARS, à part, avec colère.

Elle m'échappe encore !

TABARIN, à Marion.

Allons, grâce à vous, me voilà tranquille pour elle !

MARION.

Mais toi, Tabarin ?

TABARIN, gaiement.

Bah ! je tâcherai de m'en tirer !

MAUGARS, à part.

C'est ce que nous verrons ! (Haut.) Qu'on l'emmène !

TABARIN, aux sergents.

Ne vous dérangez pas, je suis à vos ordres. (À part.) Ah ! baron de Maugars, je prendrai ma revanche !

Les sergents emmènent Tabarin. — Camusot rentre, tenant une cassette.

MONDOR, se laissant tomber sur un escabeau.

On arrête mon pître, je suis ruiné !..

ACTE QUATRIÈME

CHEZ MARION DELORME

Le jardin de la maison de Marion Delorme, à la Place-Royale. A droite la maison avec un perron de plusieurs marches. — Bancs de pierre, à gauche et à droite.

———

SCÈNE PREMIÈRE

MARION, HÉLÈNE.

Elles sont assises l'une à côté de l'autre sur un banc, à droite.

MARION, continuant une conversation commencée avant le lever du rideau.

..... Oui, ma chère belle, tout ce que vous venez de m'apprendre m'intéresse vivement à vous. J'ai quelque crédit auprès du cardinal... Il a même promis d'assister à la fête que je donne aujourd'hui...

HÉLÈNE, étonnée.

Comment !.. monsieur le cardinal de Richelieu?...

MARION.

Cela vous étonne?.. Oui, monseigneur m'honore quelquefois de ses visites. Il dépouille la pourpre pour revêtir l'habit de cavalier, et vient se délasser à la Place-Royale du tracas des affaires. Je lui parlerai... je solliciterai pour vous sa protection.

HÉLÈNE.

Ah ! madame, que de bonté !

MARION.

Croyez-moi, nous déjouerons les menées de cet abominable baron de Maugars, que, pour ma part, je déteste cordialement. Justice vous rera rendue; les titres dont il a su s'emparer, vous seront restitués.

HÉLÈNE, se levant.

Ah ! si vous pouviez réussir, rien ne s'opposerait plus à mon bonheur !

MARION, la regardant en souriant.

Je devine... le cœur a parlé... vous aimez quelqu'un...

HÉLÈNE, baissant les yeux.

Madame !..

MARION, lui prenant la main.

Allons, ne rougissez pas !.. dites-moi tout... J'adore ces jolis romans-là ..

HÉLÈNE.

Eh bien, oui, j'aime, et de toute mon âme, un gentilhomme, jeune, brave, charmant.

MARION, à part.

Comme mon chevalier !

HÉLÈNE.

Il est si tendre, si dévoué !.. Son plus grand désir serait de me nommer sa femme. Par malheur, mon défaut de fortune, l'impossibilité de prouver ma naissance, sont un obstacle…

MARION, se levant.

Que nous renverserons, je l'espère. Et alors, vous serez heureuse. Ah ! c'est si bon, un amour sincère et véritable !..

HÉLÈNE.

Est-ce que vous aussi, madame, vous aimez quelqu'un ?

MARION.

Oui, un gentilhomme brave, jeune, charmant… comme le vôtre.

HÉLÈNE.

Et lui ?.. Oh ! certainement, il partage votre amour ?

MARION.

Je ne sais encore.

HÉLÈNE.

Comment ?

MARION.

Je le connais à peine… Deux ou trois fois seulement je l'ai aperçu au Louvre… et ce n'est qu'hier qu'un accident, un hasard nous a rapprochés.

HÉLÈNE.

Mais il vous aimera ! Qui pourrait ne pas vous aimer ? belle, séduisante, comme vous êtes !

MARION, souriant.

Flatteuse !

HÉLÈNE.

Ah ! mon Dieu !.. Et moi qui oubliais de vous dire…

MARION.

Quoi donc ?

HÉLÈNE.

Ce matin en arrivant ici, j'ai envoyé un billet à celui que j'aime, ce gentilhomme dont je vous parlais…

MARION.

Un billet ?

HÉLÈNE.

Oui, pour lui faire connaître ma nouvelle demeure, pour lui demander de m'y venir voir. C'est peut être bien indiscret ; me pardonnez-vous ?

5

MARION.

Comment donc ! qu'il vienne ! Vous me le présenterez, je serai ravie de le connaître. — Mais, il est temps, ma chère enfant, de terminer votre toilette.

HÉLÈNE.

Quoi ! vous voulez?..

MARION.

Certainement ! Je veux que vous soyez bien belle, bien parée... (Souriant.) Ne faut-il pas faire la conquête du cardinal?.. (A Hélène, en la baisant sur le front.) Allez, ma chère belle, et bon espoir, bon espoir !

HÉLÈNE.

Ah ! madame, puisque vous vous chargez de plaider ma cause, elle est déjà gagnée!...

Elle sort par le fond à droite.

SCÈNE II

MARION, seule, la regardant s'éloigner.

Charmante fille ! oh ! certes, je m'emploierai pour elle!.. Ah ! un amour comme celui-là, voilà mon rêve ! Je serais si heureuse d'échapper à toutes ces passions éphémères... d'inspirer un sentiment vrai, durable... de rencontrer enfin un cœur sincèrement épris !...

Elle va s'asseoir à gauche et reste pensive.

UN VALET, entrant et annonçant.

Monsieur le chevalier de Marsan.

MARION, très-surprise.

Lui !.. (A part.) Je comprends, il vient me remercier des soins que je lui ai donnés... (Voyant paraître Henri.) Le voici... C'est singulier ! quelle émotion j'éprouve !..

Henri, introduit par le valet, entre et s'approche. — Le valet se retire.

SCÈNE III

HENRI, MARION.

HENRI, saluant.

Pardonnez-moi mon indiscrétion, mademoiselle. J'hésitais à me présenter chez vous sans en avoir reçu l'autorisation; mais vous m'avez hier témoigné tant d'intérêt que j'ai pensé que vous excuseriez ma hardiesse, et que vous me permettriez de vous adresser mes remercîments.

MARION, très-gracieuse.

Cette permission était inutile, monsieur le chevalier. Votre présence ne pouvait que m'être agréable.

HENRI, s'inclinant.

C'est trop de bonté...

MARION.

Vous serez toujours le bien-venu chez moi. Et, pour commencer, puisque vous voilà, accordez-moi une faveur.

HENRI.

Une faveur ?

MARION.

Oui, restez à la fête que je donne.

HENRI.

La faveur est pour moi, mademoiselle...

MARION.

Vous acceptez ?..

HENRI.

Avec empressement, avec joie. N'est-ce pas un moyen de rester plus longtemps auprès de celle qui m'est chère ?..

MARION, à part.

Que dit-il !

HENRI.

De celle que je n'ai pu résister au désir de revoir.

MARION.

Vraiment !.. cette personne... vous l'aimez ?

HENRI.

Ne le saviez-vous pas ?

MARION.

Je n'osais l'espérer... pour elle.

HENRI, avec chaleur.

Si je l'aime !.. Oh ! plus que ma vie !.. depuis que je la connais... depuis le jour où je l'ai rencontrée pour la première fois ! Aussi, jugez de mon bonheur, en la retrouvant tout à coup, elle dont je pleurais l'absence, elle que je craignais de ne plus revoir !.. (Changeant de ton.) Mais pardon, je vous parle de choses qui sans doute vous sont indifférentes...

MARION, vivement.

A moi ?.. Oh ! non.. ne croyez pas cela.. j'éprouve au contraire un grand plaisir à vous entendre...

HENRI.

Eh ! quoi, vous daigneriez vous intéresser ?..

MARION.

Oui, cet aveu d'un amour que je crois sincère, me cause une émotion, un bonheur ! .

HENRI, avec un peu de surprise.

A vous ?

MARION.

Ah ! c'est que bien souvent, au milieu des adorations, des

hommages frivoles dont on m'accable... de ces liaisons for-
mées par le caprice, et qui n'ont pas de racines dans le cœur,
bien souvent j'ai désiré d'être aimée ainsi.. j'ai rêvé un at-
tachement réel, profond... comme celui que vous dites res-
sentir... Et, en vous écoutant, je me laissais emporter sur
l'aile de mes rêves, et j'espérais qu'ils pourraient devenir une
réalité !

HENRI.

Ah ! gardez-vous d'en douter, mademoiselle !.. vous êtes
digne d'inspirer un pareil amour !

SCÈNE IV

LES MÊMES, HÉLÈNE.

HÉLÈNE, entrant.

Me voici, madame, je suis prête.. (Apercevant le chevalier.)
monsieur Henri !..

MARION, étonnée et à part.

Ils se connaissent !

HÉLÈNE.

Vous avez reçu mon billet ?

MARION, à part, très-troublée.

Son billet !

HENRI.

Oui, ma chère Hélène, et aussitôt je suis venu.

MARION, à part, avec jalousie.

Cette femme dont il me parlait, c'est elle !

HÉLÈNE, gaiement, à Marion.

Puisque je vous trouve avec monsieur de Marsan, je crois
inutile de vous le présenter...

MARION, froidement.

En effet... c'est tout-à-fait inutile.

HÉLÈNE, bas.

Eh bien ! vous l'avez vu... vous lui avez parlé .. n'est-ce
pas qu'il est charmant ?

MARION, avec dépit.

Charmant, mademoiselle !

HÉLÈNE, étonnée.

Ah ! mon Dieu !.. vous semblez irritée contre moi... qu'ai-
je donc fait, madame ?

MARION, plus doucement.

Rien... rien... laissez-moi !...

HÉLÈNE, interdite et bas à Henri.

Qu'a-t-elle donc ?

HENRI, *bas.*

Je ne sais... avant votre arrivée, elle était de l'humeur la plus aimable, la plus gracieuse... elle m'a invité à la fête qui doit avoir lieu.

HÉLÈNE.

Vraiment?

HENRI, *bas.*

Puisqu'elle le désire... éloignons-nous!

HÉLÈNE, *de même.*

D'ailleurs, j'ai un grand secret à vous apprendre.

HENRI.

Un secret?

HÉLÈNE.

Oui, venez, venez!

Ils s'éloignent par le fond à droite.

MARION, *seule, laissant éclater sa jalousie.*

Ainsi, c'est elle qu'il aime!... c'est pour elle qu'il est venu!... Et j'irais m'intéresser à cette jeune fille... la servir, la protéger... elle, ma rivale!... elle que... *(Partant tout à coup d'un éclat de rire.)* Ah! ah! eh! du dépit!... de la colère!... et pourquoi?... pour une chiquenaude dans mon château de cartes... allons, tu es folle, Marion!... Rêver des amours véritables, éternelles?... non... non... ta vie appartient à la fantaisie, au caprice... à toi les fêtes, les joyeux soupers, les intrigues d'un jour!... Tes chaînes sont de fleurs et ne doivent pas durer plus qu'elles... crois-moi, reste fidèle à ton rôle, oublie une chimère, et, comme toujours, montre-toi bonne fille!... *(Bruit de voix dans la coulisse, aux gentilshommes qui paraissent.)* Venez, messieurs, venez!...

SCÈNE V

MARION, BASSOMPIERRE, SAINT-EVREMOND, L'ABBÉ DE GONDI, et QUELQUES AUTRES GENTILSHOMMES, puis PIERRE CORNEILLE.

LES GENTILSHOMMES

Bonjour, Marion! bonjour!

BASSOMPIERRE.

Eh bien! ma toute belle, et les amours?

SAINT-EVREMOND.

Où en est la pastorale?

MARION, *avec une gaîté forcée.*

Ma pastorale?... oh, c'est fini, messieurs.

TOUS.

Vraiment?

L'ABBÉ DE GONDI.

Déjà?

BASSOMPIERRE.

Nous avons tué le mouton?

MARION.

Il est mort d'apoplexie.

BASSOMPIERRE, riant.

La Calprenède ait son âme! n'en parlons plus!

MARION.

C'est cela, n'en parlons plus! messieurs, je vous ménage une surprise.

TOUS.

Une surprise?

L'ABBÉ DE GONDI.

De quoi s'agit-il?

MARION.

D'une jeune fille charmante que j'ai promis de protéger... et pour qui je vous demanderai votre crédit près du roi, maréchal.

BASSOMPIERRE.

Oh! mon crédit!... il est bien compromis, ma pauvre Marion.

MARION.

En vérité?

BASSOMPIERRE.

Sa Majesté me boude.

L'ABBÉ DE GONDI.

Et à quel sujet?

BASSOMPIERRE.

Au sujet d'une épigramme qui m'est échappée, il y a quelques jours.

MARION.

Une épigramme?.. voyons... voyons...

SAINT-EVREMOND.

Contez-nous cela!

BASSOMPIERRE.

Le roi me demandait des détails sur mon ambassade en Espagne. Je lui disais, entre autres choses, que j'avais fait mon entrée dans Madrid, monté sur une mule. « Oh! oh! interrompit en riant, Louis XIII, qui, comme vous savez, a quelquefois la plaisanterie un peu lourde. « Ce devait être drôle de voir un âne sur une mule! » — « Tout beau, Sire, lui dis-je, je représentais Votre Majesté! »

TOUS, riant.

Ah! ah! ah! charmant!... délicieux!...

L'ABBÉ DE GONDI, *riant.*

Je comprends que Sa Majesté vous garde rancune !

UN VALET, *entrant et annonçant.*

Monsieur Pierre Corneille !

BASSOMPIERRE.

Pierre Corneille !…

MARION.

Un poëte du plus grand mérite, et d'une égale modestie. *(Allant au-devant de Corneille qui reste timidement au fond, et l'amenant par la main.)* Approchez, monsieur Corneille… *(Le présentant.)* Oui, messieurs, un poëte qui vient de faire représenter une comédie.

BASSOMPIERRE, *à Corneille.*

Vraiment, jeune homme !.. Et comment s'appelle votre comédie ?…

CORNEILLE.

Mélite.

BASSOMPIERRE.

Mélite ?… eh ! oui, j'ai vu jouer cela à l'hôtel de Bourgogne. *(A Corneille.)* Bravo, mon cher, bravo !… de la simplicité !… de beaux vers !…

CORNEILLE, *modestement.*

Ah ! monsieur !..

BASSOMPIERRE.

Parbleu, moi, je suis las de la boursoufflure à la mode… *(A Corneille, en lui frappant amicalement sur l'épaule.)* Vous vous ferez un nom, c'est moi qui vous le dis !… Ah çà ! Marion, est-il vrai que le cardinal ait promis de venir ce soir ?

MARION.

Oui, maréchal, j'attends Son Éminence. — Vous ne l'aimez guère, à ce que je crois ?

BASSOMPIERRE.

Non, palsambleu ! Je ne m'en cache pas !

SAINT-EVREMOND.

Tiens ! à propos du cardinal, et le père Joseph, son âme damnée ? En avez-vous des nouvelles, l'abbé ?

L'ABBÉ DE GONDI.

Ma foi, autant que je puis croire, le révérend se porte à merveille.

BASSOMPIERRE.

Le pauvre homme !

L'ABBÉ DE GONDI.

Peste ! il a du crédit à la cour ! Monseigneur ne manque jamais de lui envoyer ce qu'il a de mieux à sa table.

TOUS, *riant.*

Ah ! ah ! ah !

SAINT-EVREMOND, *regardant*.

Silence, messieurs, j'aperçois monsieur le cardinal...

TOUS, *cessant de rire*.

Le cardinal !

BASSOMPIERRE.

Diable ! tenons-nous bien ! Pas de propos séditieux !... ou gare la Bastille !

SCÈNE VI

LES MÊMES, LE CARDINAL, en costume de gentilhomme, et accompagné de M. DE BELLEGARDE, de MAUGARS, et de QUELQUES OFFICIERS DE SA SUITE.

LE CARDINAL.

Eh bien ! messieurs, qu'avez-vous donc ?.. On dirait que j'arrive comme un trouble-fête.

MARION.

Ah ! monseigneur, pouvez-vous le penser ! Tout le monde ici est heureux de vous voir... et, pour moi, je suis fière et reconnaissante de l'honneur que veut bien me faire Votre Eminence.

LE CARDINAL, *souriant*.

Chut !.. ici il n'y a pas d'Eminence.

MARION.

C'est juste, monseigneur, j'oubliais...

LE CARDINAL.

J'ai pris sur moi, mademoiselle, de vous amener quelques gentilshommes de mes amis, monsieur le duc de Bellegarde... monsieur de Maugars, que vous connaissez ..

MARION.

En effet, monseigneur... (*Avec intention.*) Et, quoique je ne l'attendisse pas, je suis ravie de recevoir monsieur le baron.

MAUGARS, *à part*.

De l'ironie !.. tramerait-elle quelque chose contre moi ?

MARION.

A mon tour, monseigneur, permettez-moi de vous présenter quelqu'un qui, en sa qualité de poète, a droit à la glorieuse protection que vous accordez aux lettres.

LE CARDINAL.

Ah ! — Qui donc ?

MARION, *faisant signe à Corneille d'approcher*.

Monsieur Pierre Corneille... un jeune homme de talent.

LE CARDINAL.

Oui, on m'a déjà parlé de vous, monsieur Corneille... vous êtes l'auteur d'une comédie qui renferme quelques qualités...

BASSOMPIERRE, à part.

Pédant!

CORNEILLE, s'inclinant.

Monseigneur est bien bon.

LE CARDINAL.

Ah! la carrière que vous avez choisie est difficile. Vous avez d'illustres devanciers, Boisrobert, Jodelle, Garnier, dont on applaudit la Bradamante... Voilà les maîtres qu'il faut vous efforcer d'imiter.

CORNEILLE.

J'y tâcherai, monseigneur.

LE CARDINAL.

Travaillez-vous à quelque nouvelle pièce?

CORNEILLE.

Oui, monseigneur, j'ai jeté le plan d'une tragédie.

LE CARDINAL.

Quel est son titre?

CORNEILLE.

Le Cid.

LE CARDINAL.

Le Cid!..

CORNEILLE.

Un sujet tiré de Guilhen de Castro.

LE CARDINAL, avec une légère grimace.

Un sujet espagnol!..

BASSOMPIERRE, bas.

On voit que Son Éminence est en guerre avec l'Espagne!

LE CARDINAL.

Venez me voir... vous me lirez vos ouvrages... Je vous donnerai des conseils... des idées...

CORNEILLE, s'inclinant.

J'accepterai avec reconnaissance vos conseils, monseigneur; mais quant aux idées...

LE CARDINAL.

Eh bien?

CORNEILLE.

Je vous demanderai la permission de me contenter des miennes.

LE CARDINAL.

Ah! (Lui tournant le dos, et aux gentilshommes qui l'entourent.) De la présomption!.. Il ne fera rien!

MAUGARS, au cardinal.

C'est mon avis.

BASSOMPIERRE, bas à Corneille, en lui serrant la main.

Bien répondu, jeune homme! Morbleu! c'est bien assez

5.

de gouverner la France, sans qu'il veuille encore régenter le Parnasse !

MARION, au cardinal.

Pardon, monseigneur, au risque de vous paraître importune, j'ai une grâce à solliciter de vous.

LE CARDINAL.

Une grâce?.. Parlez, Marion! si ce que vous avez à me demander n'est pas contraire au bien de l'Etat...

MARION, souriant.

Oh! nullement, monseigneur, l'Etat n'a rien à voir làdedans.

LE CARDINAL.

Enfin, cette grâce?...

MARION.

C'est celle d'un brave garçon, assurément calomnié près de Votre Eminence... et qu'on a arrêté, ce matin, en votre nom.

LE CARDINAL.

Tabarin?

MARION.

Précisément, monseigneur.

BASSOMPIERRE.

Comment! Tabarin est arrêté?..

SAINT-EVREMOND.

Et pourquoi?.

L'ABBÉ DE GONDI.

Qu'a-t-il fait?.

LE CARDINAL.

Il m'a été signalé comme ayant tenu des propos injurieux contre des personnes haut placées, et j'ai dû me montrer sévère.

MAUGARS.

Il est en ce moment au For-l'Evêque, où deux ou trois mois de séjour le rendront plus circonspect.

TABARIN, qui a paru au fond pendant les derniers mots, s'avançant.

Vous vous trompez, monsieur de Maugars; il n'est pas au For-l'Evêque, car le voici.

TOUS, très-surpris.

Tabarin!

LE CARDINAL, avec colère.

Quelle audace!.. (Aux gentilshommes.) Eloignez-vous, messieurs!.. Eloignez-vous!

L'ABBÉ DE GONDI, bas à Saint-Evremond.

L'Eminence reparaît!

BASSOMPIERRE, bas.

Il va y avoir de l'orage!..

SAINT-EVREMOND, bas.

Mettons-nous à l'abri !

MAUGARS, à part.

Tabarin ici!.. Je tremble!

MARION, à part.

Quel est son projet?.

Tout le monde s'éloigne et finit par disparaître de différents côtés — Tabarin
reste seul avec Richelieu.

SCÈNE VII

LE CARDINAL, TABARIN.

LE CARDINAL, après un temps, et regardant Tabarin avec sévérité.
Il s'assied à gauche.

Approche, drôle !.. J'avais donné l'ordre de te conduire au
For-l'Evêque.

TABARIN, s'approchant et s'inclinant.

C'est vrai, monseigneur.

LE CARDINAL.

Comment se fait-il que tu n'y sois pas?

TABARIN.

Monseigneur, je m'y rendais. Mais, en passant sur le quai,
le peuple m'a reconnu au milieu des sergents. Dame! je suis
aimé, je suis populaire, moi! « Tabarin arrêté!.. Tabarin en
prison!... » ont crié ces braves gens. « Non! non! nous ne
souffrirons pas qu'on l'emmène! » Et alors, ils se sont jetés
sur l'escorte. J'avais beau crier : « Mes amis! mes bons
amis! c'est l'ordre du cardinal! respect à l'ordre de Son Eminence! » Le peuple a mis en fuite les sergents.. je crois même
qu'on en a jeté deux ou trois dans la rivière...

LE CARDINAL.

Et tu as profité de la bagarre pour te sauver?

TABARIN.

Non pas!.. c'est au contraire les sergents qui... Et moi, je
suis resté seul.

LE CARDINAL.

Il fallait te rendre en prison.

TABARIN.

C'est ce que j'ai fait, monseigneur.

LE CARDINAL.

Toi?

TABARIN.

Oui, monseigneur, je m'y suis rendu.

LE CARDINAL.

Eh bien?

TABARIN.

Mais on n'a pas voulu me recevoir.

LE CARDINAL.

Comment?

TABARIN.

J'ai dit au geôlier : « Mon cher ami, je viens de la part de Son Éminence. Ayez l'obligeance de me faire mettre au cachot » Il m'a répondu : « Où est l'ordre? » Dame, l'ordre, moi, je ne l'avais pas... il était dans la poche de l'un des sergents... et le sergent était dans la Seine. J'ai insisté, supplié : « Songez, mon brave homme, lui ai-je dit, que vous me mettez dans un mauvais cas... et que si vous ne m'ouvrez la porte, je suis forcé, à mon grand regret, de retourner à mes affaires, et par conséquent de désobéir à monsieur le cardinal. Réfléchissez, mon bon ami, réfléchissez! » J'ai eu beau dire et faire, cette brute est restée sourde à tous mes raisonnements. Et voilà, monseigneur, comment au lieu d'être au For-l'Évêque, je suis à la Place-Royale, chez Marion Delorme!

LE CARDINAL.

Maraud!.. Et que viens-tu faire ici? Tu ignorais sans doute ma présence chez mademoiselle Delorme?.

TABARIN.

Pardonnez-moi, monseigneur, c'est au contraire parce que je savais trouver ici Votre Éminence, que j'y suis venu.

LE CARDINAL.

Je comprends. Tu viens me demander ta grâce?

TABARIN.

Non, monseigneur.

LE CARDINAL.

Quoi donc alors?

TABARIN.

Je viens demander à Votre Éminence de me laisser libre pendant vingt-quatre heures.

LE CARDINAL.

Pourquoi?

TABARIN.

Parce que j'ai besoin de ce temps-là, d'abord pour me justifier de l'accusation portée contre moi; puis, pour mettre Votre Éminence à même d'accomplir un grand acte de justice.

LE CARDINAL, se levant.

Un acte de justice! Lequel? Explique-toi.

TABARIN.

Je ne le puis, monseigneur ; car le secret est la première
condition de la réussite. — Mais il s'agit de démasquer un
scélérat et de rendre le bonheur à une innocente victime...

LE CARDINAL, le regardant fixement.

C'est bien la vérité ? Tu ne cherches pas à m'abuser ?

TABARIN.

Qu'y gagnerais-je ? dans vingt-quatre heures, comme à
présent, Votre Eminence pourra toujours me faire mettre en
prison. — Monseigneur consent-il à m'accorder ma demande ?

LE CARDINAL, après un instant de réflexion.

Soit ! Je t'accorde vingt-quatre heures.

TABARIN.

Et pendant ces vingt-quatre heures, je serai libre d'agir à
ma fantaisie ?

LE CARDINAL.

Oui.

TABARIN.

En un mot, Votre Eminence me donne carte blanche ?

LE CARDINAL

Accordé !

TABARIN, avec joie.

Merci, monseigneur !

LE CARDINAL.

Mais, ce délai passé, si tu n'as pas accompli ce que tu m'an-
nonces, n'espère plus rien de moi, je serai inflexible.

TABARIN.

C'est convenu, monseigneur ! (A part.) Ah ! Maugars, à nous
deux maintenant !

SCÈNE VIII

LES MÊMES, MAUGARS, BASSOMPIERRE, SAINT-
EVREMOND, L'ABBÉ DE GONDI, et LES AUTRES
GENTILHOMMES, puis MARION, HÉLÈNE et HENRI.

MAUGARS, s'approchant, et bas au cardinal.

Eh bien ! monseigneur ?

LE CARDINAL, bas.

Eh bien ! je n'ai rien décidé encore. Plus tard, je prendrai
un parti.

MAUGARS, à part.

Tabarin n'a pas parlé... je respire !

MARION, entrant avec Hélène et suivie d'Henri.

Venez, ma chère enfant, venez !

TABARIN, à part.

Ah ! diable ! pourvu qu'elle ne dérange pas mon plan !

MARION, à Hélène.

Monsieur le cardinal ne vous refusera pas justice...

BASSOMPIERRE, bas aux gentilshommes.

C'est la jeune fille dont elle nous parlait tantôt.

L'ABBÉ DE GONDI, bas.

Elle est en effet charmante.

LE CARDINAL, à Hélène, que Marion lui présente.

Qu'attendez-vous de moi, mademoiselle ?

HÉLÈNE.

Protection et justice, monseigneur.

LE CARDINAL.

Justice ! Et contre qui ?

HÉLÈNE.

Contre un de vos gentilshommes, monsieur le baron de Maugars.

MAUGARS.

Moi ?..

LE CARDINAL.

Monsieur de Maugars ! qu'a-t-il fait ?... qu'avez-vous à lui reprocher ?

HENRI.

Ce qu'elle lui reproche ?.. la plus indigne, la plus lâche violence...

MAUGARS, avec colère.

Monsieur !

LE CARDINAL, à Henri.

Laissez parler mademoiselle.

HÉLÈNE.

Oui, monseigneur, monsieur de Maugars, après m'avoir obsédée par des poursuites que mes refus auraient dû décourager, monsieur de Maugars a eu recours à la force, il m'a fait enlever par des hommes à lui, il m'a retenue, pendant plusieurs heures, prisonnière, et ce n'est qu'au dévouement d'un ami, de Tabarin, que j'ai dû ma délivrance.

LE CARDINAL, sévèrement.

Un rapt !.. Serait-il vrai ?.. Parle !

TABARIN.

Monseigneur, voyez son trouble, son embarras...

MAUGARS, avec audace.

Eh bien ! oui, monseigneur, je l'avoue. J'aimais éperdument cette jeune fille...

TABARIN, à part.

C'est-à-dire, sa fortune.

MAUGARS.

Mais ce que mademoiselle ne dit pas, c'est que je lui ai offert, comme je lui offre encore, une réparation.

LE CARDINAL.

Une réparation?

MAUGARS.

La plus honorable, la plus éclatante, un mariage.

TABARIN, à part.

Il sait bien ce qu'il fait!

HÉLÈNE.

Mais j'ai refusé, comme je refuse encore, monseigneur.

LE CARDINAL.

Pourquoi?

MARION.

Parce qu'elle n'aime pas monsieur de Maugars, parce qu'elle en aime un autre.

TABARIN.

C'est clair!

LE CARDINAL.

La conduite du baron est coupable, et je l'en blâme hautement. Mais on doit lui tenir compte de l'offre qu'il fait de la réparer, en vous donnant son nom... lui qui pourrait aspirer à une noble alliance.

HENRI, à part.

J'ai peine à contenir ma colère!

MARION.

Le nom de mademoiselle n'a rien à envier à celui de monsieur de Maugars.

LE CARDINAL.

Comment?

MARION.

Monseigneur, c'est mademoiselle Hélène de Sivry.

LE CARDINAL et LES GENTILSHOMMES.

Mademoiselle de Sivry!

HENRI.

Oui, monseigneur, mademoiselle de Sivry.

MAUGARS, feignant la surprise.

La fille du comte Philippe de Sivry?...

TABARIN, ironique.

Votre cousin.

LE CARDINAL.

Monsieur de Sivry!... Tué il y a huit ans?...

TABARIN, avec intention et regardant Maugars.

Sans que le meurtrier ait pu jusqu'à présent être retrouvé... et puni!

LE CARDINAL.

Mais le mariage du comte n'a jamais été prouvé.

HÉLÈNE.

Il est vrai, monseigneur.

MARION.

Et cette pauvre Hélène s'est vue longtemps privée du riche héritage auquel elle a droit...

HÉLÈNE.

Faute de pouvoir produire les actes qui constatent cette union... qui prouvent la légitimité de ma naissance...

LE CARDINAL.

Mais ces actes, s'ils existent, que sont-ils devenus ?

TABARIN, à part.

Hem !.. hem !.. attention !..

HENRI.

Ces papiers, monseigneur, que sa mère avait inutilement cherchés et que mademoiselle de Sivry perdait l'espoir de retrouver jamais...

Anxiété de Maugars — Signes de Tabarin à Hélène.

LE CARDINAL.

Eh bien? ..

MAUGARS, à part.

Tout est perdu !..

HÉLÈNE.

Eh bien! ces papiers...

TABARIN, qui s'est glissé près d'elle, bas.

Chut !. pas un mot !

HÉLÈNE, étonnée.

Comment ?.

TABARIN, bas.

Si nous parlions, Maugars les ferait disparaître. (Haut.) Bah ! ces papiers ne sont peut-être qu'égarés... ils se retrouveront un jour.

HENRI, à part.

Que dit-il ?.

MARION, à part.

C'est étrange !

MAUGARS, à part.

Quel jeu joue donc ce drôle?

LE CARDINAL.

Je souhaite que cet espoir se réalise, mademoiselle. Alors, je serai heureux de reconnaître en vous l'héritière d'un des plus anciens noms de France.

MAUGARS.

Et moi, de vous avouer pour ma parenté, mademoiselle.

TABARIN, à part.

Patience ! ça viendra !

HENRI, à part.

Oh ! je châtierai tant d'impudence !

On entend une musique joyeuse et brillante.

MARION.

Venez, messieurs, passons dans les appartements.

Sur l'invitation de Marion, tout le monde se dispose à sortir. — Pendant
ce mouvement, Tabarin s'approche vivement d'Hélène.

TABARIN, bas à Hélène.

Fiez-vous à moi !.. Je travaille pour vous !..

Il s'éloigne et disparaît derrière la foule.

MARION, se retournant.

Venez-vous, ma chère Hélène ?

HÉLÈNE.

Me voici, madame, me voici ! (Elle rejoint Marion, puis, se retournant.)

Vous ne m'accompagnez pas, monsieur le chevalier ?

HENRI.

Pardon !.. Dans un instant je vous rejoindrai...

HÉLÈNE.

Ne tardez pas au moins !

HENRI.

Non, non... je vous le promets !

Un gentilhomme s'approche et offre la main à Hélène qui s'éloigne en jetant
sur Henri un regard inquiet. — Sortie générale.

SCÈNE IX

MAUGARS, HENRI.

HENRI, à Maugars qui va pour sortir.

Restez ! j'ai à vous parler !

MAUGARS, s'arrêtant.

Que me voulez-vous, monsieur ?

HENRI.

Ce que je veux ?. Vous demander raison de l'outrage fait
par vous à mademoiselle de Sivry !

MAUGARS.

N'ai-je pas offert de le réparer ?

HENRI.

Cette réparation, dont peut se contenter le cardinal, n'en
est pas une pour moi ! Votre amour pour Hélène est une
insulte de plus... une insulte dont je veux tirer vengeance...
ici-même... à l'instant !...

MAUGARS, froidement.

Alors, c'est un duel que vous me proposez ?

HENRI.

Oui, un duel !.. un duel implacable !

MAUGARS.

Et moi, je refuse.

HENRI.

Vous refusez ?..

MAUGARS.

Oui, par respect pour les édits de Sa Majesté.

HENRI.

Eh ! que m'importent les édits !

MAUGARS, à part.

Il se perd lui-même. (Haut.) Les édits ? mais ils m'importent, à moi ! Je ne me sens nulle envie de m'exposer à périr de la main du bourreau.

HENRI.

Excuse de lâche !

MAUGARS, avec colère.

Monsieur !

HENRI, tirant son épée.

En garde ! si vous ne voulez pas que je vous soufflette avec mon épée !..

SCÈNE X.

Les Mêmes, BASSOMPIERRE, SAINT-ÉVRE-MOND, L'ABBÉ DE GONDI, puis LE CARDINAL, LE DUC DE BELLEGARDE, et Les Autres Gentilshommes, enfin TABARIN.

L'ABBÉ DE GONDI.

Eh bien ! qu'est-ce donc ?

BASSOMPIERRE, entrant au bruit.

Comment !. une querelle !..

SAINT-ÉVREMOND.

Ici ! au milieu d'une fête !

L'ABBÉ DE GONDI.

Et sous les yeux même de Son Eminence !

BASSOMPIERRE.

Arrêtez, messieurs !. Etes-vous fous ?

HENRI.

Laissez-moi !.. (Fou de colère, à Maugars.) L'épée à la main, monsieur !.. l'épée à la main, ou je vous frappe, ou je vous tue !.

MAUGARS, mettant l'épée à la main.

Vous êtes témoins, messieurs, que c'est malgré moi !..

BASSOMPIERRE.

Malheureux ! voici le cardinal.

MAUGARS, à lui-même.

Enfin !

HENRI.

En garde, monsieur ! en garde !

Ils croisent le fer — le cardinal paraît, accompagné de monsieur de Bellegarde et des autres gentilshommes.

LE CARDINAL.

Que vois-je !.. Un duel !..

MAUGARS.

Monseigneur, ces messieurs attesteront à Votre Éminence que j'ai été provoqué, insulté, et que je n'ai tiré l'épée que pour défendre ma vie. N'est-ce pas vrai, messieurs?...

LE CARDINAL.

Répondez !

BASSOMPIERRE.

La vérité nous force de le déclarer.

LE CARDINAL.

Monsieur de Bellegarde, faites votre devoir.

BELLEGARDE, s'approchant de Henri.

Chevalier de Marsan, au nom du roi, rendez-moi votre épée.

TABARIN, à part.

Le malheureux ! Il a tout gâté !

Tableau. Le rideau baisse.

ACTE CINQUIÈME

RICHELIEU ET TABARIN

Au Louvre. Le cabinet du cardinal de Richelieu. — Entrée principale au fond, donnant sur une antichambre. — Portes à droite et à gauche, avec draperies.

SCÈNE PREMIÈRE

LE CARDINAL, Secrétaires, Huissiers, **LE PÈRE ANDRÉ**, capucin.

Richelieu, en costume de cardinal, est assis dans un fauteuil armorié, devant une table chargée de papiers ; des secrétaires attendent ses ordres. Deux hallebardiers sont de faction à la porte du fond.

LE CARDINAL, à l'un des secrétaires.

Scellez ces dépêches et faites partir dans une heure un courrier pour la Hollande.

PREMIER SECRÉTAIRE, s'inclinant.

Oui, monseigneur.

LE CARDINAL.

Qu'on fasse savoir à l'envoyé de Bavière qu'il aura son audience demain. (Le second secrétaire sort. — A un troisième secrétaire :) Ces comptes ne sont pas apurés, — à envoyer à monsieur le trésorier de la généralité de Paris, qui fera faire un rapport. (Il remet les papiers au troisième secrétaire qui se retire. — A un huissier.) Le révérend Père André est-il là ?

LE PÈRE ANDRÉ, s'approchant.

Oui, monseigneur, j'attendais les ordres de Votre Éminence.

LE CARDINAL.

Demain dimanche, le roi part de bonne heure pour Saint-Germain où il doit chasser. Avant son départ, il entendra la messe dans la chapelle du Louvre... une messe basse... Tenez-vous prêt à officier à sept heures du matin.

LE PÈRE ANDRÉ.

Il suffit, monseigneur.

LE CARDINAL.

Ne quittez pas le Louvre. Je vais voir Sa Majesté dans un instant. Si, par hasard, ses projets étaient modifiés, je vous ferais avertir. Allez, mon révérend, et que Dieu vous ait en sa sainte garde ! (Le capucin s'incline et sort par la porte de droite. Le cardinal se remet à examiner des papiers, à décacheter des dépêches.) « Projet de traité de commerce avec la Russie. — Proposition de Charles-Emmanuel d'attaquer les Génois à la condition que la France lui fournira une armée auxiliaire. » (Se levant.) Oui, ce serait le moyen de ruiner la puissance de l'Espagne en Italie... Et alors j'aurais presque atteint le but vers lequel je marche : la gloire et la prépondérance du pays ! Quand j'ai été appelé au pouvoir, les alliances étrangères étaient méprisées, les gouverneurs des provinces agissaient comme s'ils eussent été souverains en leurs charges, les grands comme s'ils eussent été maîtres et non sujets... J'ai rabaissé l'orgueil des grands, réduit les rebelles en leur devoir. L'Anglais, vaincu à la Rochelle, a été forcé de capituler ; — le Languedoc soulevé s'est soumis ; — Ma fermeté a déjoué les complots, écrasé les factieux, en même temps que mes plans organisateurs rétablissaient les finances, et créaient des institutions. La France me devra sa force et sa grandeur !

SCÈNE II

LE CARDINAL, MARION, HÉLÈNE.

UN HUISSIER, à Marion qui paraît avec Hélène à la porte du fond.

Mesdames, on n'entre pas !...

MARION, à l'huissier.

Comment, comment, en n'entre pas !... mais regardez-moi donc ! Est-ce que vous ne me reconnaissez pas ? Je suis mademoiselle Delorme...

LE CARDINAL.

Marion !

MARION.

J'ai mes grandes et mes petites entrées chez monsieur le cardinal.

LE CARDINAL, aux gardes.

Oui, oui, laissez entrer !

MARION, au hallebardier.

Là ! vous entendez !... (Entrant, et à Hélène.) Allons, ma chère petite, ne tremblez pas ainsi !

LE CARDINAL, assis à gauche.

Marion au Louvre !.. Quel motif vous amène ?

MARION.

Je viens supplier Votre Eminence d'écouter cette pauvre enfant.

LE CARDINAL.

N'est-ce pas elle qu'hier vous m'avez présentée ?

MARION.

Oui, monseigneur, la fille du comte de Sivry.

LE CARDINAL, à Hélène.

Que voulez-vous, mademoiselle?

HÉLÈNE.

Grâce, monseigneur!.. grâce... pour un loyal gentilhomme qui n'a commis qu'une imprudence et qui va mourir,
si vous ne pardonnez !

LE CARDINAL.

Il s'agit du chevalier de Marsan?

MARION.

Ils s'aiment, monseigneur.

HÉLÈNE.

C'est par amour pour moi, c'est pour punir le misérable
qui m'avait outragée...

LE CARDINAL, sévèrement.

Monsieur de Maugars est un de mes fidèles serviteurs.

MARION.

Bah! votre Maugars est un homme à pendre...

LE CARDINAL.

Marion !

MARION.

Eh bien, soit ! je me tais, puisque cela vous fâche.

HÉLÈNE.

Pardon, monseigneur, la douleur m'emporte... il faut
m'excuser...

MARION.

Monsieur le cardinal, aurez-vous le courage de résister aux
prières, aux larmes de cette pauvre fille?..

LE CARDINAL.

Les édits du roi défendent le duel sous peine de mort.
Quiconque tire l'épée pour venger une injure, sait qu'il joue
sa tête, en transgressant les ordres du souverain ; monsieur
de Marsan est coupable...

MARION.

Coupable!.. oui, sans doute, il l'est! mais sa faute est-elle
sans excuse? Songez-y, monseigneur, monsieur de Marsan
est jeune... à son âge, la patience et le calme ne sont-ils pas
des vertus impossibles ?

HÉLÈNE.

Le baron de Maugars l'avait mortellement offensé par sa
conduite envers moi... et, en se trouvant en face de lui,
Henri n'a pas été maître de sa colère... c'est bien naturel,
c'est bien excusable... et vous lui pardonnerez, monseigneur !.. oh! oui, n'est-ce pas? vous lui pardonnerez !

LE CARDINAL, se levant.

Je ne le puis, mademoiselle... La justice doit suivre son cours.

HÉLÈNE.

O ciel! que dites-vous!

MARION, suppliante.

Monseigneur!..

LE CARDINAL.

Il est temps de mettre un frein à cette fureur de duels qui fait couler le sang des sujets de Sa Majesté.

MARION.

Eh! monseigneur, pas une goutte de sang n'a coulé cette fois! Les adversaires ont à peine croisé le fer...

LE CARDINAL.

C'est trop! Le chevalier de Marsan avait provoqué le baron à mort; et si les choses n'ont pas été poussées plus avant, cela n'a point dépendu de l'agresseur...

HÉLÈNE, tombant aux pieds du cardinal.

Ah! vous ne serez pas insensible!.. vous vous laisserez toucher par mes larmes!.. Hélas! je ne sais plus que vous dire pour vous convaincre... mon cœur se brise... les sanglots m'étouffent!.. Monseigneur, vous aurez pitié de sa jeunesse... de mon désespoir!... vous n'enverrez pas à la mort celui que j'aime!.. vous ne ferez pas tomber cette tête noble et vaillante... vous ne la livrerez pas au bourreau!.. Ah! ce serait affreux!.. ce serait cruel!

LE CARDINAL.

La clémence serait une faiblesse! Il faut que l'arrêt s'exécute.

HÉLÈNE, jetant un cri et se relevant.

Ah!.. vous êtes inexorable! grâce! monseigneur, grâce!

LE CARDINAL.

Cette grâce, je ne puis vous l'accorder.

SCÈNE III

LES MÊMES, MAUGARS.

MAUGARS, qui pendant les derniers mots a paru au fond, s'avançant.

Et à moi, monseigneur, me la refuserez-vous?

TOUS.

Monsieur de Maugars!

MAUGARS.

C'est moi qui ai été insulté, provoqué; c'est donc moi qui devrais être le premier à réclamer le châtiment, et cependant j'oublie et je pardonne l'offense.

HÉLÈNE, à part.

Que dit-il!.

MARION, très-surprise.

Vous, baron?

MAUGARS, au cardinal.

Serez-vous moins indulgent que moi? Je rappelle à Votre
Éminence tout un passé de dévouement, j'invoque, s'il le
faut, les services rendus. Plus d'une fois vous m'avez dit,
monseigneur, que vous saisiriez l'occasion de les reconnaître,
et me laisseriez libre de fixer moi-même le prix de mes services... Eh bien, le moment est venu de tenir votre pro-
messe ; la récompense que je demande, c'est la grâce du chevalier de Marsan.

LE CARDINAL, à part.

Je crois comprendre. (Haut.) C'est vrai, baron, je me suis
engagé et je tiendrai ma parole. (Écrivant sur un papier qu'il signe,
et le remettant à Maugars.) Voici la grâce du chevalier.

Mouvement de joie d'Hélène.

MAUGARS.

Je remercie Votre Éminence.

UN HUISSIER, entrant par la gauche.

Sa Majesté attend monsieur le cardinal.

LE CARDINAL.

C'est bien, j'entre chez le roi.

HÉLÈNE.

Ah! monseigneur, que de reconnaissance!

LE CARDINAL, froidement.

Ce n'est pas moi qu'il faut remercier, mademoiselle.

Il fait un geste d'adieu au baron et à Marion et sort par la porte de gauche
que l'huissier lui ouvre et qu'il referme derrière lui.

SCÈNE IV

MAUGARS, MARION, HÉLÈNE.

HÉLÈNE.

Ah ! monsieur, pardonnez-moi ! Je vous avais mal jugé...
Vous êtes le meilleur et le plus généreux des hommes.

MAUGARS.

Tant d'éloges me rendent confus, mademoiselle. Ne vous
hâtez pas trop d'exalter une action qui, je dois l'avouer, n'est
pas exempte d'intérêt personnel.

HÉLÈNE.

Comment ! que voulez-vous dire ?

MARION, à part.

Ah ! je devine !

MAUGARS.

Certes, je suis heureux de sécher vos larmes et de sauver
le chevalier. Mais pousser l'héroïsme jusqu'à me sacrifier à un
rival, non, non, ne l'espérez pas !

HÉLÈNE, très-émue.

Oh ! mon Dieu !.. mais qu'exigez-vous donc en échange de
cette grâce ?

MAUGARS.

Que vous soyez à moi, que vous deveniez ma femme.

HÉLÈNE.

Ciel !

MARION, à part.

Ah ! je le disais bien ! c'était trop beau !

HÉLÈNE, avec mépris.

Ainsi, ce n'est qu'un marché ?

MAUGARS.

Un marché, vous l'avez dit. Je remettrai cette grâce à la
baronne de Maugars.

MARION, à part.

Le misérable !

HÉLÈNE, avec force.

Ah ! Henri lui-même n'en voudrait pas à ce prix !

MAUGARS.

Vous refusez ?

HÉLÈNE.

Je refuse !

SCÈNE V

Les Mêmes, TABARIN.

TABARIN, entrant.

Et vous avez tort !

MAUGARS.

Encore lui !

MARION.

Toi, ici, chez le cardinal ?

TABARIN, avec importance.

Oui, Son Éminence m'a fait l'honneur de m'accorder une
audience pour ce matin... Je me promenais dans la galerie,
en attendant le moment d'être reçu, lorsque j'ai reconnu votre
voix... alors, j'ai écouté... et quand j'ai su de quoi il retour-
nait, ma foi, je me suis permis d'entrer et de vous donner
mon avis. (A Hélène.) Je le répète, mam'zelle, vous avez tort.

HÉLÈNE.

Eh ! quoi, c'est vous, vous, l'ami du chevalier de Marsan,
qui me conseillez ?..

TABARIN.

Eh ! sarpejeu ! c'est justement parce que je l'aime, ce brave
gentilhomme, que je ne veux pas le laisser mourir.

6

HÉLÈNE.

Ah! je donnerais ma vie pour sauver la sienne, mais le trahir, m'enchaîner à un autre...

TABARIN.

Mais puisque c'est le seul moyen de le sauver... le seul, vous entendez, le seul !

MAUGARS.

Vraiment, un tel langage m'étonne de ta part... Toi, jusqu'à présent, si hostile à mes projets...

TABARIN.

Que voulez-vous, monsieur le baron ! J'ai reconnu qu'entre nous la partie n'était pas égale. Vous êtes un grand seigneur et je suis un vilain... Vous êtes le chêne, et moi le roseau. Vous êtes la chèvre et je suis le chou... J'ai compris à la fin que lutter contre vous était une bêtise... Comme dit un proverbe champenois :

« A vouloir tenir tête au vent,
« L'ormiau casse bien souvent. »

Le plus prudent est de plier, et je plie...

MAUGARS.

A merveille, mons Tabarin ! C'est, en effet, le parti le plus sage.

TABARIN.

Faites comme moi, mam'zelle Hélène, pliez !

HÉLÈNE, pleurant.

Mon Dieu! que résoudre? Faut-il donc oublier Henri, manquer à mes serments ?

TABARIN.

Voyons, ma chère demoiselle, un peu de résolution... Tout peut être terminé dans un instant... La chapelle est là... le révérend qui la dessert est en train de lire son bréviaire... je viens de le voir en passant... un mot de vous, un ordre de monsieur le baron, et vous êtes unis, et le chevalier est sauvé...

MAUGARS.

J'attends !..

TABARIN.

Songez donc que ce mariage est l'unique moyen de racheter sa vie... et qu'en refusant c'est vous qui le condamnez, vous qui l'envoyez à la mort !..

HÉLÈNE.

Hélas !.. hélas !.. c'est vrai !..

MARION.

Tabarin a raison, chère enfant ! A tout prix il faut sauver monsieur de Marsan !..

HÉLÈNE.

Et vous aussi, vous m'engagez à consentir ?

MARION.

Oui, oui... je vous y engage... je vous le conseille... Entre le sacrifice de sa vie et celui de votre bonheur, il n'y a pas à hésiter.

HÉLÈNE.

Eh bien ! donc, je n'hésite plus !.. Qu'il vive... et qu'il me pardonne ce parjure !..

MAUGARS, à part, avec joie.

Enfin !

TABARIN.

En ce cas, je me charge de tout ordonner pour la cérémonie. (A Hélène.) Allons, du courage, mam'zelle, ne vous désolez pas, croyez-moi... Tout est pour le mieux... Songez que c'est pour lui, pour obtenir sa grâce... Du courage !.. allons, du courage !   Il sort vivement par la droite.

SCÈNE VI

MAUGARS, HÉLÈNE, MARION.

MAUGARS, à part.

Voilà un secours qui est arrivé fort à point !.. Ce Tabarin est un garçon de ressource. Camusot est là, vite, donnons mes ordres.

Il va à la porte du fond et fait un signe. — Camusot paraît et s'approche. — Maugars lui parle à voix basse.

MARION, à Hélène.

Chère enfant, calmez-vous, ne pleurez plus ! songez que bientôt le chevalier sera libre...

HÉLÈNE.

Oui, il sera libre... il vivra... et moi... moi, je mourrai...

MARION.

Mourir !.. Que dites-vous ?

HÉLÈNE.

Croyez-vous donc que je puisse supporter la perte de son amour ?.. Que je puisse survivre à cet odieux mariage ?.. mais puisque l'un de nous devait mourir, mieux vaut encore que ce soit moi !..

MARION.

Hélène !.. mon enfant !..

MAUGARS, au fond, à mi-voix, à Camusot.

Tu m'as compris ?

CAMUSOT, bas.

Oui, monsieur le baron.

MAUGARS.

C'est bien ! hâte-toi d'obéir ! va !   Camusot salue et se retire.

UN HUISSIER, entrant par la droite.

Le révérend père André m'envoie prévenir monsieur de Maugars que tout est prêt pour la cérémonie.

HÉLÈNE, tressaillant.

Dejà!

MAUGARS.

Venez, mademoiselle.

HÉLÈNE.

Allons, il le faut!.. plus d'espoir!

MARION, à Hélène.

Du courage!

Marion sort avec Hélène par la porte de droite. Maugars les suit. — Au même
moment, on voit paraître au fond le chevalier de Marsan, amené par des gardes qui restent à la porte.

SCÈNE VII

HENRI, Gardes au fond, Un Huissier.

HENRI, s'avançant et à lui-même.

Le cardinal a donné l'ordre de me conduire ici... Que me
veut-il?.. Sans doute on l'a imploré pour moi... Se serait-il
laissé fléchir? consentirait-il à me faire grâce!.. (Avec élan.) Ah!
vivre quand on aime, quand on est aimé!.. quel beau rêve!..
(Tristement.) Oui... mais, par malheur, ce n'est qu'un rêve...
Richelieu est implacable, il ne pardonne pas! Quiconque a
transgressé ses volontés ou violé ses édits doit mourir!..
(Il s'absorbe dans ses pensées — On entend au loin une musique religieuse.) Le
chant des orgues!.. Je ne sais pourquoi, mon cœur se serre...
Les sons de cette musique remplissent mon âme de tristesse...
(A l'huissier.) Quelle est donc la cérémonie que l'on célèbre en
ce moment?

L'HUISSIER.

Monsieur le chevalier, c'est un mariage.

HENRI.

Un mariage?..

L'HUISSIER.

Celui du baron de Maugars.

HENRI, troublé.

Le baron de Maugars se marie?.. Et qui donc épouse-
t-il?

L'HUISSIER.

Une jeune dame dont j'ignore le nom, mais qui est venue
au Louvre en compagnie de mademoiselle Delorme.

HENRI, très-ému.

Oh! mon Dieu!.. si c'était!.. mais non... non... c'est impossible!.. ce serait trop odieux!.. Hélène n'aurait pas
choisi, pour se parjurer, le jour où je vais mourir!
(Le bruit des orgues a cessé de se faire entendre. Voyant paraître Hélène accom-
pagnée de Maugars, avec stupéfaction.) Elle! c'était elle!..

SCÈNE VIII

Les Mêmes, MAUGARS, HÉLÈNE, MARION.

HÉLÈNE, l'apercevant.

Henri !..

MARION.

Le chevalier !..

HÉLÈNE, à part, avec désespoir.

Ah ! je n'avais pas prévu cette dernière torture !

HENRI, avec amertume.

Ainsi, il vous fallait mêler le désespoir à mon agonie ! Ne pouviez-vous donc attendre à demain ? Ah ! c'est bien lâche et bien infâme !

HÉLÈNE.

Henri ! Henri !.. ne m'accablez pas !

MARION.

C'est pour vous sauver, c'est pour obtenir votre grâce qu'elle a consenti...

HENRI.

Le salut à ce prix !.. Et vous avez cru que j'accepterais !.. Ah ! que ne me laissiez-vous périr... Je vous aurais bénie en expirant !

MAUGARS.

J'ai donné la parole et je dois la tenir. — (A Hélène, en lui donnant le papier signé par le cardinal.) Madame, voici la grâce de monsieur de Marsan.

HENRI, avec force.

Ma grâce !.. je n'en veux pas !.. je la repousse !

HÉLÈNE.

Henri !.. au nom du ciel, vivez !

HENRI.

Vivre sans votre amour !.. vivre quand vous appartenez à un autre !.. non !.. non !.. La mort !.. je l'attends !.. je l'appelle !..

SCÈNE IX

Les Mêmes, LE CARDINAL, puis CAMUSOT.

LE CARDINAL, entrant par la porte du fond.

Qui donc parle si haut, au Louvre ?

HENRI.

C'est moi, monseigneur, moi qui refuse la prétendue faveur que vous m'avez accordée, en y mettant pour condition le mariage de mon rival.

LE CARDINAL.

Vous vous trompez, monsieur, cette condition n'émane pas de moi.

HENRI.

Et cependant, ce mariage vient de s'accomplir !

LE CARDINAL, regardant Maugars.

En vérité ?

MAUGARS.

Oui, monseigneur, j'ai l'honneur de présenter à Votre Eminence madame la baronne de Maugars.

LE CARDINAL, à part.

Il n'a pas perdu de temps ! (Camusot entre et pose une cassette sur la table.) Qu'est-ce que cela ?

CAMUSOT.

Pour Son Eminence monsieur le cardinal.

LE CARDINAL.

Que contient cette cassette ?

CAMUSOT.

Les papiers saisis chez Tabarin par ordre de Votre Eminence.

MAUGARS.

Et sur lesquels les scellés ont été apposés.

LE CARDINAL.

C'est bien !...   Il va à la table et ouvre la cassette.

HÉLÈNE, à part.

Ces papiers !... ah ! que m'importe, maintenant !

LE CARDINAL.

Que vois-je !... un acte de mariage ! celui du comte de Sivry !

MAUGARS, feignant la surprise.

Est-il possible !

MARION, à part.

Oui, fais semblant d'être surpris !

MAUGARS.

Monseigneur, j'ignorais complétement l'existence de ce précieux parchemin... et un bonheur si grand, si imprévu...

LE CARDINAL, avec un sourire ironique.

En effet... le hasard vous favorise étrangement, monsieur le baron... car cet acte, en prouvant la légitimité de la naissance de votre femme, vous envoie en possession d'un magnifique héritage.

MAUGARS.

En épousant mademoiselle Hélène, je ne faisais qu'obéir à la voix de mon cœur, convaincu que mon cousin, le comte de Sivry, n'avait jamais contracté une union légitime... Je croyais que ma femme ne m'apportait en dot que sa jeunesse et sa beauté... mais puisque mon heureuse étoile en décide autrement, puisque la fortune arrive, qu'elle soit la bienvenue ! (Un capucin paraît à la porte de gauche et écoute.) Enfin, monseigneur, nous sommes mariés !...

SCÈNE X

Les Mêmes, TABARIN, puis Foule de Gentilshommes.

TABARIN, relevant son capuchon et s'arangeant.

Par moi !

TOUS.

Tabarin !

TABARIN.

Oui, parbleu ! Tabarin ! Le révérend dormait dans la sacris-
tie, je l'ai enfermé, j'ai endossé ce froc, et je vous ai mariés...

LE CARDINAL, sévèrement.

Comment ! une pareille irrévérence ! Tu te serais permis ?..

TABARIN.

Pardon, monseigneur ; vous m'aviez donné carte blanche,
et je n'avais pas le choix des moyens...

MARION.

Ainsi, ce mariage ?..

TABARIN.

Est nul, archi-nul, mais devant avoir pour résultat de sauver le chevalier et de faire reparaître les papiers soustraits
par monsieur de Maugars.

MAUGARS, avec un mouvement de fureur.

Misérable !...

TABARIN.

Osez donc soutenir que ce n'est pas la vérité ! (À Hélène.)
Vous êtes libre, mademoiselle... et si monsieur le baron
veut une baronne, il faudra qu'il prenne la peine d'en chercher une autre.

MAUGARS, à part, avec colère.

Je suis joué !

HÉLÈNE, à Tabarin, en lui serrant les mains.

Ah ! mon ami, bonheur, fortune, je vous devrai tout !

HENRI, de même.

Comment jamais m'acquitter envers toi ?

MARION.

Vous pouvez l'épouser, monsieur le chevalier, puisque
monseigneur a signé votre grâce.

LE CARDINAL.

Et je ne la reprendrai pas... (Souriant.) à moins que monsieur de Marsan ne la refuse de nouveau.

HENRI, avec joie.

Oh ! j'accepte, monseigneur ! j'accepte maintenant !

TABARIN

Mais ma tâche n'est pas encore terminée. J'ai promis à
Votre Éminence de la mettre à même de faire justice.

104   TABARIN

MAUGARS, à part.

Que dit-il ?

LE CARDINAL.

C'est vrai... et j'attends l'accomplissement de cette pro-
messe...

TABARIN.

Monseigneur, depuis huit ans, un crime est resté impuni...
Depuis huit ans, l'assassin du comte de Sivry a échappé au
châtiment... mais cet assassin, je le connais, moi, le voilà,
c'est le baron de Maugars !

TOUS.

Lui !

MAUGARS.

Misérable !.. tu mens ! c'était un duel !

Mouvement général.

TABARIN.

Voilà ce que je voulais vous faire dire. — Oui, un duel !...
mais quand on s'embusque comme une bête de proie, quand
on provoque un homme pour lui voler son héritage, quand
on profite de ce que son épée vient de se briser pour lui plon-
ger la sienne dans le cœur, alors ce duel-là peut s'appeler un
assassinat !

MAUGARS.

Imposture !.. Calomnie !...

TABARIN.

Avant d'expirer, la victime m'a appris le nom de son meurtrier.

MAUGARS.

Impossible, il était masqué !

TABARIN.

C'est vrai ! mais il vient de se démasquer lui-même !

MAUGARS, dans le dernier trouble.

Monseigneur... j'atteste...

LE CARDINAL, sévèrement.

Monsieur de Maugars, vous répondrez à vos juges.

Il fait un signe, des gardes s'approchent et entourent Maugars.

MAUGARS, à part.

Je suis perdu !

TABARIN, regardant Maugars.

Un coupable puni (à Blanche et à Henri.) votre bonheur certain... voilà vingt-quatre heures joliment employées !.

FIN

<hr>

CHATILLON-SUR-SEINE. — IMPRIMERIE E. CORNILLAC